文學叢刊

王榮川編著

走過塵土與雲月

文史哲出版社印行

國家圖書館出版品預行編目資料

走過塵土與雲月 / 王榮川編著. --初版 -- 臺
北市：文史哲, 民 103.09
頁; 公分（文學叢刊；335）
ISBN 978-986-314-209-6（平裝）

1.臺灣傳記

873.318　　103017208

文學叢刊 335

走過塵土與雲月

編著者：王榮川
出版者：文史哲出版社
http:// www.lapen.com.tw
e-mail：lapen@ms74.hinet.net
登記證字號：行政院新聞局版臺業字五三三七號
發行人：彭正雄
發行所：文史哲出版社
印刷者：文史哲出版社
臺北市羅斯福路一段七十二巷四號
郵政劃撥帳號：一六一八〇一七五
電話886-2-23511028・傳真886-2-23965656

定價新臺幣三六〇元

中華民國一〇三年（2014）九月初版

ISBN 978-986-314-209-6　　09335

1 圖 片

當年的復興崗遠眺

民國 93 年 9 月復興崗 14 期同學入伍四十周年回母校精神堡壘前

當年我們共同煎熬的歲月

民國57年學生班畢業，後在步兵學校受訓完成待命分發

3　圖　片

入伍時期的中正堂

入伍時期我們走在小坪頂

入伍時期偽裝的訓練

入伍時期的團體遊戲活動

入伍時期我們在小坪頂用午餐

入伍時期大家傻笑與班長合影

當年我們共同飄盪的時光

民國 54 年 7 月傘訓學校的長官到潮州蔗田觀看同學從飛機上飄降而下

民國 54 年 7 月傘訓，校部長官來屏東慰勉同學並一起聚餐

民國 54 年 7 月傘訓，羅揚鞭校長南下慰勉剛收傘回基地的同學

民國54年7月傘訓，同學從跳塔躍出的一剎那

民國54年7月傘訓，同學從跳塔躍下後正滑行中

民國 54 年 7 月傘訓，同學正在學習收傘

民國 54 年 7 月傘訓，同學在強風中收傘

走過塵土與雲月 目次

趙序

已近古稀之年，未曾與人寫序，自知學能俱薄不能為之。奈資訊長信義兄一再催促，忝為同學會會長，勉力而為。

同學會寫「小傳」緣起於前會長錦璋兄，於公務生涯退休之餘，在員山榮院擔任志工，與榮民閒談，始知它們以往的豐功事蹟，惜未能流傳於文字，讓後人能「見賢思齊」，因此，有感而發。他認為同學們深厚的友誼或親情都是由片段的相聚與回憶串連起來，而成為悲歡離合的歲月。五十年這一輩子在人生的旅途上就這麼一次，「同窗四載」也是我們人生最大的緣分。而「入伍」是一種脫胎換骨的歷程，把一個平凡的老百姓，磨練成一個文武兼備，器宇軒昂具有抗壓性的革命軍人。他是奠定我們一輩子當軍，公人員或轉行從事第二春的事業的基石。在這裏面一定有一番艱苦的奮鬥經歷或在某階段對某事的成就感，把這種經驗分享大家，同學們與有榮焉。

因此在今年三月份的聽證會上大聲疾呼，希望服務團隊大力宣導，請同學們自撰『小傳』，送交服務團隊編審，在五十週年的同學會上，發每人一本專刊，豈不是一種壯舉。但是「叫好不叫座」，錦璋兄鍥而不捨的傳了近兩百封E-mail，也寫數十封信給同學，很多同學深受感動，我是其中之一。我排在六十三的順序寫了一篇「憶傘兵」來呼應錦璋兄打死不退的精神。

這個年頭，每人的價值觀不同，看法認知也不盡相同，自主性更高。現在有兩件事是很難做到的。一是把自己的想法加諸他人身上，變成自己的想法。二是把別人口袋裡的錢掏出來，放在自己的口袋裡。寫「小傳」的難度很高，但有七十幾位同學完成邀稿，可見錦璋兄的辛勞沒白費，恭喜錦璋兄『美夢成真』。

其實，每一篇大作，都顯示每個人經歷了艱苦奮鬥，憑藉著毅力，耐力，堅持，吃苦，犧牲與誓死達成任務的決心，才有今天的成就。「不經一番寒徹骨，焉得梅花撲鼻香」。凡走過必留痕跡，我們都已是古稀之年，留存的只有「回憶」「，小傳」是我們回憶主要的來源，我們讀了他，不但感到欣慰，他還有「傳承與啓後」的義意，讓我們的後人，知道長一輩的奮鬥史。盼我們的下一代能「見賢思齊」也能成為社會有用之人。

這些成就除了歸功於自己的努力之外，還要感謝母校「復興崗」教育與師長的教誨成功，吾人不敢或忘。

最後要感謝錦璋兄的發起，信義兄的催稿與刊登部落格，還有遠雄兄，恆宇兄，錦璋兄的校稿，及清民兄的封面繪圖，更感謝投稿的同學們。

第六屆服務團隊會長
趙華淼 敬撰 一〇三、八、一七

附記：出書之後，如有同學意猶未盡或覺得也應加入「小傳」行列，請繼續供稿，請第七屆服務團隊出刊第二輯。

王序

同學的小傳終於結集出版了。古人說「文章千古事」，因此，在編輯時我們不敢馬虎，畢竟每篇都是同學的心血結晶，因此希望透過嚴謹的校對，讓錯漏字減到歸零。為此，我們邀請譚遠雄、李山栗、吳恆宇、黃錦璋、吳信義、王榮川幾位熱心同學參與編審。

本來當初提議撰寫個人小傳的本意，是希望同學們都參與撰寫，如此在網路57復興崗blog就常可讀到同學訊息；當時還沒考量出專輯。但當參與同學日愈踴躍，尤其回應也日愈熱烈時（上網閱讀者已不僅本期同學），於是有人提議出專書的構想。這點獲得許多同學的肯定。其實這也符合網路時代的需求；以前的人常將投稿刊載報刊雜誌的文章結集出書，現在則流行將網路所po的文章也結集出書。當同學小傳獲得響應後，出專輯就成為水到渠成的事。

雖然我們極希望每位同學都能提供小傳；而在這個過程中，我們復興崗十四期服務團隊也不斷向同學催稿。但結果與期望還是有落差。部分同學因個人因素（如自認不會上網或不擅寫作），或有其他顧慮（如服務單位的安全性）而無法提供小傳稿件，但他們卻也大多樂觀其成。因此，這本小傳專輯雖無法納入每位同學的小傳，但多少反映同學的學習及軍旅的心理歷程；雖然同中有異，但畢竟因同根同窗，還是能感同身受，尤其在兩鬢漸霜的回頭時刻。我們希望這個小傳專輯只是個起頭，如果同學需要的話，下屆的服務團隊，可以出第二、第三專輯…畢竟每個人在這個大時代中都有一段不同感人的故事，寫出來不僅讓同學能分享，你的至親好友；尤其你的子孫也會喜歡看到。

細讀同學的小傳，想到多數同學都經歷二三十年的軍旅生涯；儘管個人際遇或感受有異，但美好的仗總算打過，也許仍有人有「未見功名已白頭」（唐 杜牧詩）感慨，此刻更能體會岳武穆「三十功名塵與土，八千里路雲和月」（岳飛，滿江紅）名詞意涵：無論過往所遇到是疆場上風塵僕僕，或一路上僅是孤獨的雲彩與月色的相隨，這一切都已「是非成敗轉成空」（明 楊慎詞），化成過眼煙雲。如今總算擺脫聚少離多的軍旅孤寂，回到自己至愛的身邊來共賞落日餘暉。而現在能夠將所經歷塵土或雲月呈現字裡行間，讓大家分享，無寧是件賞心悅目的美事。

最後，端詳本專輯張清民同學所設計的封面：的確，凡走過必留下足跡。

雖然軍旅歲月每個腳印都是艱辛，卻是踏實的。無論過去付出多少，我們都會珍惜那條走過的漫漫長路。我們也藉此感恩國家社會給我們的機會。

第六屆服務團隊秘書長　王榮川

楊序

十四期同學會指示，每位同學寫篇入伍五十年的自述，我踏入社會自復興崗入伍始，我匆促間撰寫《七十抒懷：我一生走過的路，值得！》，大略檢視我一生走過的路。

我母親常說「十人九不全」，人生吉凶悔吝禍福難料，我一生小打小鬧庸庸碌碌，但我己年滿七十，上帝厚賜我在人世間難有的十人九不及的美滿福分，父母高壽（父親高壽98歲逝於美國）、弟妹無缺、子孫滿堂，珍藏有量，著作等身，一生光陰沒有虛度，活得惜福，活得感恩，活得值得。

入伍屆滿五十年，念逝去的時光永不回頭，重拾早已被遺忘的歲月，不禁與復興崗四年青春的歲月相依偎，魂牽夢縈懷思難忘！無限的懷念和留戀悠然而生！

楊　浩於一〇三、八、廿五

回味一生總覽

政二一 黃建峰

我生在一個戰亂不安的時代，母兼父職，一家六口嗷嗷待哺，家境清寒窘困，其處境不難想像。童年，深體母親辛勞，懂得分擔家務，常為其他長輩誇讚。高中畢業，蒙班導師與軍訓教官鼓勵與推薦，免試保送軍校，在地區體檢嚴格篩選下，獲得保送飛行學校，然而卻因祖母及姊夫的苦勸，黯然放棄夢想，並由國防不依個人性向，再次分發政工幹校。冥冥中，卻開啓了我另一人生歷程，這條路竟然走對了。否則，那有今日的我？又怎會有那，過往歷經的種種挑戰和成就？笑傲江湖，該是我人生的寫照吧。

入伍的磨練，酸甜苦辣，盡在其中，留下滿滿的真情回憶，也帶給了我此生最難忘懷的時光，至今，仍時常夢中縈繞迴盪。四年大學生涯，很難為情，是在懵懵懂懂，得過且過，考試開夜車惡補，課餘課後，暢娛在打桌球、台球、籃球之中，例假日三五同好，期待著早餐後，撿拾桌上殘留的剩菜和饅頭，做為爬山的點心和午餐。然後，倘佯山林，懷抱流雲，日暮返校，沐浴完後，等著中正堂三線電影，成了一週生活的最後交代。難得，偶而和幾條皆冠名雅號「黨」的班友，至中華商場窮逛，隨意吃點路邊攤，日子過得簡單愜意，一千四百多個日子，就這樣虛耗光了。

暑期，各個不同性質的技能與專業訓練（駕駛、通信、跳傘），由於初學，與緻高昂，但卻充滿緊張刺激，膽識、體能、毅力，盡在其中，表露無遺尤其跳傘訓練「跳」得真是苦不堪言，被操得連床都上不去，等到登上塔台與坐上飛機，真正上了青天，實做日夜全副武裝跳機，猶如玩命的感覺來了，有誰知道傘開不開？有誰知道落點在那兒？又有誰知道會不會跳斷腿？離開機門，早已把生命置之度外，直到傘開了，在彩雲間滑動，四面傘花朵朵的暢快，和著陸霎那的緊張，至今還點滴在心頭。

記得在驪歌、畢業照後，全體按排序分配軍種後，我率領九條好漢，到后里報到；過慣了例假日，誤以為部隊亦是週休，大伙私下草率決定，自行放假一天，隔日同時、同地聚結，再前往報到，那知卻讓師部人事官空等了一天，討來了一頓責罵，帶隊的我還險遭處分。師主任召見後，各人分別被帶返基層擔任步、裝、砲排長，我則被分發到最威風、最神氣、最先進的裝騎連。至此大伙難得見面，只得自求多福了。初到任之時，人生地不熟，吃足了苦頭，連個教案都不會寫，步校學的那一套，與裝騎訓練，風馬牛毫不相干，幸得副連長好心指導，草擬一份，供為參考，在跌跌撞撞中摸索，得以免去連長的嘮叨，好幹多了。由於連上裝備奇多，舉凡各型車輛簡易維修，通信器材77使用通話，60、81、42、75等火炮的運作，作戰訓練指揮要領等，樣樣都要清楚了解，否則在資深士官處處刁難，時時出狀況考驗下，必出盡洋相。萬卷書，讀不到一百，萬般武藝，也只懂得皮毛，半桶水的我，不得不低頭，偷偷的向資深、友善的老班長學習，請教。事隔半月，總算令弟兄們折服，萬事平順，建立了很穩固的領導權威。任職連輔導長不足半年，適逢連長赴高級班受訓，副連長不被上級看好，出奇任命本人代理連長，由於身兼兩職，且對基層排、連訓練，並未紮下穩固基礎，加之訓練、測驗、演習密集，要不是，幾位得力排長與士官長協助，日子真不敢想像。由於平日識兵、知兵、親兵，成天與弟兄在一起，彼此交心，同甘共苦，終未負營長所託和期待。

擔任營、旅、廠、所主管，因非直接帶兵，領導統御重點在看、聽、想；在督導、指導、教導，本身政戰職能與軍事術養的厚實基礎，成了施展利器，將個人在各階層歷練，領悟、累積粗淺的學能和心得，做為經本，全力投入在——精實思想品德教育，砥礪忠誠務實風氣，鍛鍊強健體魄毅力，嚴格要求遵守營規紀律，落實基層督導訪問駐點，照顧官兵權益福利，處理解決官兵疑難，檢討督促改進缺失，表揚激勵單位良善義工，長年不斷播種，終於成就了往後的豐收，應驗了，一分耕耘，一分收穫；天下沒有白吃的午餐，箴言「勤能補拙」我就是這樣做，也只能這樣做，因為我不夠聰明。

人的命運和際遇，真是奇妙，好似上帝早有預定，人力無法更改，母親的期待，復興崗革命的洗禮，對黨國，對同事對部下，概已盡了做人做事的本份。一生中，遭遇四次車禍的劫難，死裡逃生，面臨兩次險遭軍法冤枉治罪，也能安然渡過，也許這是上天眷顧和保守，讓我四十餘年的軍旅生活及任職服務中，逢凶化吉，萬事亨通，且有輝煌的成績展現。績優小組長、政戰楷模、績優旅處長、兩次全軍軍紀模範單位、忠勤楷模等殊榮，得來絕非偶然，遺憾的是，少了個時不我予的國軍戰鬥英雄，一笑置之。光陰確不饒人，如今年逾七十，平日能夠照顧老母，笑弄幼孫，蹓個愛犬，散個步，定期參加球敘與方城之戰，神仙般的生活，夫復何求！？萬事就讓它隨風而去吧。

附註：錦璋兄提議：同學入伍屆滿五十週年，希望同學會能編撰小傳，讓大家增進彼此的認識了解，經第六屆服務團隊開會討論，前提是要蒐集結印成冊的數量，才付諸實施。目前陸續有十幾位來件，錦璋兄已率先供稿，過些時日將陸續登出。（此文係建峰同學拋磚引玉之作。）

信義附記

青雲的回憶

政三　游昭仁

原名「昭叁」，資訊化後，「叁」字因無標準碼，常造成無謂的困擾，改名「昭仁」。另在部落格發表文章、與網友互動時，習慣以「青雲」自稱，那算是別號吧。

周歲喪父，賴慈母及長兄撫育成人，自幼天資聰敏，但因個性剛烈又好打抱不平，是訓導人員眼中的太保學生，遭省立嘉義中學退學後，轉至鄰近大林中學繼續學業。因熱愛管弦樂，會玩多樣樂器，到新環境不久就破例擔任軍樂隊長，曾偷偷報考幹校軍樂班，訓導主任發現後通知長兄，面對叛逆的么弟，即令是身為當年雲嘉地區高中名師，也只好採釜底抽薪之計。他冷靜分析：「軍樂班結訓任士官，無學歷也無發展潛力，要圓音樂夢，高中畢業讀政校音樂系，不但有學位而且是軍官」。就這樣青雲在高二就申請保送軍校，兩年後懷著滿腔熱血到復興崗報到。

保送生依規定分發政治系，青雲一心想讀音樂系，在樂理及聲樂轉系考試後，特別參加一項特殊加分表演，一曲「櫻桃樹下」小號表演後，被告知列入黑名單，原來當時政校音樂系嚴禁玩流行樂，尤其那首「櫻桃樹下」，是當年歌舞團跳脫衣舞最常用的曲子，所謂的「靡靡之音」斷了青雲的音樂夢。但政校四年文武合一的教育，卻澈底變化了青雲的氣質，成為允文允武的革命軍人，如今回憶起來，雖有些許遺憾，但也蠻值得玩味的。

政校畢業後有二十一年軍旅生涯，歷任裝甲第一師排長、連輔導長，裝甲獨四旅政戰官、營輔導長，六十一年擔任政戰官時當選國軍第十屆政戰楷模，六十四年營輔導長任內當選特種黨部優秀基層幹部。同年八月中央交流案獲選回母校業務管制室服務，負責工作管制、績效評比及每日早餐會報、每月校務會報，此期間，與校長許老爹朝夕相處獲益良多。六十七年調任中校史政官後，業務管制室工作不變，另加史政業務，最大成就是完成母校第一部校史四鉅冊編纂，以及校史館（我們的家）整建。六十八年為了到研究班接受指參教育，請調學員指揮部中校隊長職，結訓後立即請纓下部隊歷練旅處長，獲派澎湖168師502旅服務，甚得時任旅長的高安國將軍以及師長殷宗文將軍的肯定。

七十一年秋考取總政戰部參謀，先調谷關36化學兵群，不久即到總政戰部報到，佔政計會上校政參官缺，但實際在任務編組的101單位服務，那是一個非常奇特的單位，負責國防部參謀本部、各聯參以及總政戰部之思想、組織、安全、服務工作推動及督考，直屬副參謀總長兼執行官，公文則由政計會副主委審核後上呈。在那裡最大的感觸是；每週到各聯參督導莒光日上課，從助次以下無不兢兢業業集中收視節目，唯獨我總政戰部同儕進進出出，感覺不甚重視政治教育。曾在陪同許老爹巡視時，直接面報此一狀況，為此還得罪了總政戰部當時的執行官楊先生。七十三年奉調憲兵學校政戰部副主任，其後因拒絕任憲兵司令部眷管組長，不見容於主任張明弘將軍，被調回陸軍部隊服務。在成功嶺151師及302師服務年餘，七十五年九月調任聯勤兵工技術學校政戰主任，剛滿一年即調升軍品鑑測處主任，八個月後（七十七年四月一日）又調升物資署政戰部主任，陞遷之快令同儕嘖嘖稱奇，為此，還有位學長夫人專程到北投文化新城，看看青雲住家到底供奉何方神聖。

物資署（其後改編為國防部軍備局）負責三軍重要軍備採購，每年經費相當龐大，稍一不慎可能身陷囹圄，每逢莒光日總結報告時，青雲總是不忘殷殷叮嚀、剴切訓勉同仁要廉潔自持、戮力從公。因此，任內爆發的軍襪案、空軍布料案，被判重刑的將校多人，但我物資署同仁都昂首闊步安然無恙。當然，此期間，個人面臨的關説壓力也不少，但總是堅守原則毫不動搖，也為此得罪些許高層。七十九年二月即將任滿這將軍待機位子，適逢第二故鄉榮民服務處有缺，青雲毫不猶疑申請外職停役，轉任台東榮服處總幹事，舉家從北投遷居台東。

因喜歡花東與世無爭的恬淡生活，以致錯失多次調其他地區的陞遷機會。先後在花東地區擔任過總幹事、輔導組長、社工室主任、祕書室主任、人事室主任，值得一提的是；台東榮院初創期間，青雲以祕書室主任兼任醫行室主任，還兼管人事、社工業務。在鳳林榮院期間，院長、副院長因故去職，上級有意整併花東之玉里、鳳林、台東三院，正、副首長均由玉里兼任，遠水救不了近火，於是青雲又以人室主任兼行政管理部主任，綜理全院諸般管理事宜。職期輪調玉里榮院後，又被指派兼任台東、鳳林榮院人事主任。遺憾的是；儘管績效卓著且獲上下好評，但青雲卻在九職等主管職務上，原地踏步二十一年，這在中華民國文官史上應屬罕見。

一○○年元月屆齡退休前，總算獲得行政院人事最高當局肯定，頒青雲一楨人事專業獎章，這是表揚推動人事業務具有貢獻的獎項，每年由各部會逐級選拔，但最後獲中央表揚的人數不多，算是難得的殊榮。至於現在則是獨自在東部偏遠的小鎮玉里蟄居，過著逍遙自在的日子。

二○一四、○七、一五補述

人生札記

政四　王禾平

偉人撰寫傳記，平凡的我僅以生活瑣事一、二略記，敬請同學指正。

追憶過往家世，雖非顯赫但屬書香門第，滿清貴族後裔。自懂事以來略知家父起學於東北講武堂，日寇侵華資匪竄起，父親投筆從軍，隨東北軍征戰大江南北，黃埔軍校（武漢分校第一期）畢業後奉派陸軍整編40師90旅269團任上校團長。民國三十六年十二月廿八日支援「蘇北塩城下倉剿共之役」，激戰四天三夜，彈盡援絕，全軍覆沒，官兵為國捐軀慷慨就義。

政府遷台後，先父英靈立牌位於台北圓山忠烈祠與陣亡將士同為後人遙祭敬仰。弟曾參與中華民國建國百年329擴大中樞紀念革命先烈暨春祭忠烈殉職人員典禮，我倍感榮幸被遴選為全球各地區一五〇位中先烈子弟代表，參加盛會。

弟二歲失怙，母親攜家帶眷跟隨部隊南遷。民國三十九年春大陸失守撤退來台。憶海南島淪陷撤軍，當時四歲的我親睹戰爭殘酷悲慘情景，小小心靈驚見迫砲機槍不停掃射，未能逃出者慘死槍下哀嚎四起，橫屍遍野。在榆林港登艦之時，弟不慎失足落海，為家兄與昔日傳令兵救起，大難不死，才有今日的我。

來台初期暫住嘉義竹崎。國小畢業，四十六年遷居台南眷村，民國五十三年高中畢業考取幹校。受四年文武合一教育，難忘國恨家仇，畢業後分發陸軍58師，駐守小金門。六十二年輪防馬祖東莒，深知國共對峙多時，何年方能回歸故國收復失地，無限惆悵！部隊歷練返台後，機緣「軍種交流」專案，轉調空軍服役至軍旅生涯結束退役。軍職期間依序歷練，不再陳述。

爰移民美國在即，民國七十七年退伍後得舊識介薦，任教三重格致高中教師，利用寒暑期間跑「綠卡」。八十二年老長官推薦轉換跑道從商，曾任某集團人事主管與食品公司（英泉與愛之味）軍公教福利品部主任，至六十歲老年退休，退出職場。翌年親戚籌組成立公益團體「中華民國社區重聽福利協會」，任秘書長歷時八載，為社會弱勢團體與個人爭取福利，去年交棒，現仍任協會理事，如同學與親朋好友在耳部有任何病變重聽現象，弟仍可為諸位爭取政府免費助聽器補助，如在語言聽力方面亦可來協會幫助訓練矯正。

綜觀此生雖無特殊精彩一面，但弟深以身為先烈子弟為榮，以革命軍人為耀，微渺事蹟不足為道，企盼同學茶餘分享。

談人生

政一 馮治輿

人生七十古來稀，我輩七十不足奇，前十年尚幼小，後十年已衰老，中間只有五十年，一半又在睡夢裡，算來在世二十五載，受盡多少巔簸煩惱，榮退前實乏善可陳，退後坐臥在家，變成三等公民，然此生已足矣！

生平鴻爪留痕

政二一 談鴻保

花甲重逢憶當年　古稀再添一春秋
文武雙全多風采　惟獨時過運未轉
伶仃洋裏嘆伶仃　莫愁湖裏鬼見愁
雖曾夢想飛衝天　無奈命裏未逢君
亦曾一鳴欲驚人　力拔山兮奈何天
生來服命由己造　自古成敗論英雄
天生我材必有用　他山之石可攻錯
驀然回首來時路　麻煩困擾皆自找
蝸牛角上爭何事　石火光中寄此身
路窄留步與人行　傳語風光共流轉
雨過青山新綠後　細草微風平野闊

夕陽無限多美好　但看落霞孤鶩飛
過往匆匆無後悔　旭日冉冉又東昇
不改國色傲霜姿　風雨不動安如山

一〇三年元旦

小蓋牧群

政一 蓋牧群

自從卸下新竹軍人之友站站長的職務後，即要求自己一定要劍履自己多年以來的三常政策——作息正常、飲食正常、運動正常。值得安慰的是這些年來也確實的能照表操課，讓自己的身體維持在健康狀態中。

時光倏忽，年近耆耄，回憶過往，猶在眼前，民國卅五年出生在上海，記得初到台灣時，還在父母的懷抱中，及至進了新竹空軍子弟小學，每天看著父親去新竹空軍基地上班，心中就有一股「長大也要像爸爸一樣」的志向，因此在新竹高商畢業後，就毅然的報考政工幹部學校，也如願的考上政治系，造就了今日的我。

復興崗上的血濃於水的同學情誼，至今仍不斷湧現腦海。小坪頂上的射擊訓練，大操場上烈日下的基本教練，暑期的通信、駕訓、傘訓，這些交織著血汗及情感的磨練歷歷在目；更有那苦口婆心、恨鐵不成鋼師長的諄諄教誨，讓我們明白軍事戰及思想戰之別，從一個軍事白痴成了軍（經）綸滿腹的政戰幹部。

在軍旅生涯中最令我難忘及最懷念的兩個職務是任陸軍292師政戰主任及政戰學校副校長兩階段。民國七十四年七月一日至七十六年十月一日任陸軍292師政戰主任，先後與馬登鶴中將（後任聯勤副總司令）、陳鎮湘上將（後任國防大學校長）兩位師長共事。由於他們兩位學養俱佳，以親考親教治軍，以身作則領導部屬，尤其是運用各種方法凝聚部隊向心力，及提升部隊作戰的能力，令人印象深刻，更讓我受益良多，對我日後在三軍大學戰院的深造助益甚多。而在兩次師對抗的實兵演習中，配合兩位師長的策略發揮政戰幹部的精神，親自替因強行軍腳底起水泡的弟兄上葯，鼓舞官兵士氣，激勵全軍奮勇向前，由於幹部扮演好了做官兵褓姆的角色，讓官兵在高度榮譽感的驅使下，抱持「只有第一，沒有第二」的必勝信念，終於圓滿達成任務並獲得優良成績。

八十五年八月一日至八十七年二月一日奉調復興崗任研究班主任及副校長，在教育單位負起培育國家政戰幹部的工作。經常利用各種機會，傾囊傳授學生學員部隊實務經驗，並透過學程，著重「專業軍人」的學能養成與形象塑造，以期後期學弟能成為「才勝於職」的政戰專業幹部，厚植國軍的整體戰力。平日的教務推展上，則以「知識、專業、能力」為主，秉持「為用而行」、「為用而訓」的宗旨，以「從嚴，從難」的教育標準，期能淬鍊出能擔大任的優質政戰幹部。

民國八十八年十一月一日在聯勤總部政戰副主任任內退休，轉換跑道至軍人之友站，負起慰勞三軍服務征屬，急難濟助，貧病慰問等工作，任職期間仍一本當初在軍中的服務精神，直到退休的那一天，昔日被喚為「小蓋」的我今日已成了「老蓋」了，不過幸好僅是外貌上的老，心靈方面仍是當年的「小蓋」。

丘良英小傳

政四　丘良英

軍中：1.步校「初級班」231期第一名「榮譽章」及「陸軍獎狀」。
2.三民主義講習班績優獎狀多張。
3.當選六十五年陸軍楷模。
4.忠勤勳章及一星寶星、景風甲種、弼亮甲種獎章。
5.成功嶺感謝狀。
服役：46師；退伍：成功嶺
黨務：1.中央及省「獎狀」及「榮譽狀」多張。
2.當選第十四次及十六次「省代表」。
3.華夏三等及實踐三等獎章。
4.力行三等及力行二等獎章。
5.革命實踐研究院「訓練班」第一期，演講比賽第三名獎狀。
歷任：台中市黨部專員及台灣省黨部：助理幹事、幹事、視導、編審。

現況：因小意外，造成左膝下截肢。

人生觀：法鼓山「聖嚴師父」的話——「面對它」（勇敢的）、「接受它」（誠心的）、「處理它」（認真的）、「放下它」（無憂的）。

夏繼曾小傳

音樂系　夏繼曾

一介書生到崗上，高歌一曲展希望，
陸海空勤教軍歌，國光藝校寄期望。
喜見學子能有成，忽焉齒搖又髮蒼，
御下戎裝當百姓，榮民加冠喜洋洋。
此後不談英雄事，樂天知命度餘生，
寄情山林遠塵囂，漫遊四海樂逍遙。

我夏繼曾，山東泰安人，幼年隨父來台，於台東市仁愛國小接受啓蒙教育。迄高中畢業後考入政治作戰學校音樂系，五十七年畢業。

在校我主修聲樂、副修理論作曲。先後師承李河珍、戴序倫、吳文修、申學庸、曾道雄、李永剛、劉德義、蕭而化等教授。

畢業後曾奉派國防部藝術工作總隊音樂隊——擔任音樂專業官，並兼任國光藝校——綜藝科（含音樂、舞蹈、戲劇）主任迄退伍。

此期間，除擔任國防部音樂專任教官外，並負責陸、海、空、勤、憲、警等軍中音樂、軍歌創作及施教指導教官，業餘並兼任中影、中視、華視、台視演藝人員訓練班授課教職。

我曾前後參與——國光、中央、天韻、崇廉、幼獅、大漢、海韻、藍天、滬江高中、石門國中、景美國中、台北市私立中山小學、景美婦女合唱團音樂指導及設立樂韻個人工作室等。

雖然旅居台北三十餘年，至今仍深深懷念台東的好山好水暨人文地緣，故退休後規劃安返台東定居，薪火相傳——享受餘年。

我的專職在於：聲樂美聲法、鋼琴啟蒙指導、合唱團教學、理論作曲、舞台表演、詩歌朗誦。

附錄：

我與繼曾那段浪漫的歲月　淘氣奶奶（繼曾夫人暱稱）

那一年，我十四歲讀初中二年級，他十七歲讀高中二年級，毛毛（美術系趙平容）帶領我去大同路（台東）國語禮拜堂參與週六夜間的青年團契活動，我本是教徒（從小隨父母信奉基督教），唱詩歌時，被他磁性的歌喉與音量吸引……，在禱告時，偷偷瞇縫著眼瞧他，哦！鎖緊的眉宇間一股英氣，讓我不得不再看一眼，深濃的眉毛，隨著感情、感性唱詩歌時上下的起伏，牽引著我一顆少女的心砰然啓動著「愛苗」的滋長……

隨後的星期六夜晚，我仍隨著毛毛一起到禮拜堂作禮拜，才知道他因家境清寒，男孩子長大分房起居的難處，被老牧師洞悉而好心地勸住在教會裡服侍主，並打掃環境（掃廁所）……等工作，心中即佩服又心疼。

懵懵懂懂間，我的眼神離不開他的身影，每次去禮拜堂偷偷的一直瞄！一直地像著了魔似的，看著他的一舉一動，盼望著星期六趕快地來到，讓我能再次見到他，聽他的話語、跟他一起唱詩歌哦！

誒！奇怪啦！他與女生說話，或哈腰時，我看得入神恨不能是跟我這樣，如此這般，甚至，我主動在團契完後，幫助整理桌椅，擺放詩歌本、留下來一起掃地，無非是等著他跟我說話，聽聲：「謝謝！」也好——

就這樣，有人告訴我，濃眉大眼的人感情豐富，是真的嗎？他，就是濃眉大眼，不是嗎？毛毛跟我打趣兒：「他如果認了妳，我算算——嗯！我是第十三個，而妳呀！是第十四個女朋友哩！」是真的嗎？排在這麼後面？不是沒有希望嗎？我也是他的女朋友嗎？也許吧！想想看！果然見他老是跟讀師範學校那幾位女生說話（他姊姊也加夾在其間聊天呢！），誰叫我又瘦又乾，長得醜不拉基不說，還跟個沒娘（當時母親任職花蓮明義國小）的孩子似的野丫頭，我喜歡運動，台東地方大，整天騎著腳踏車亂跑（可有得跑啦！）皮膚曬得黝黑光亮的，像個「毋小廝」，簡直不像個女孩兒，沒一絲絲可取的地方，我現在想起來——哼！他連看一眼都不願施捨呢！但是，卻會收到他的短箋～鼓勵我，別貪玩，要好好用功讀書——

幾年匆匆的過去了！為減輕家庭負擔，知道他決定考軍校，而花東考區的考場在——花蓮（那時，我因得了萎黃病～血中缺鐵症，休學在花蓮），經毛毛聯絡，考完後，他約了張康邠（新聞系張茂雄），我們四個人一起到花蓮天山戲院看電影，猶記得片名是——「卿需憐我我憐卿」，又撩起我心中的漣漪——，黑曚曚的戲院中，只見到他那雙不停地閃爍著的眼睛……

說也奇怪，他從來沒有向我求婚過，很自然地說出在哪一天雙方請幾位證人一起吃飯訂婚，（我們曾書信往返五百餘封……每一封信我都編上了號碼保存著）在風雨交加颱風之夜（陰曆七月）將近十二時他從宜蘭礁溪（當時服務明德訓練班）趕回來，因為第二天，是我們的結婚典禮啊！（他曾說：「軍人，只要是假日，都是好日子！」——我是陰曆七月的新娘子！）

他淡泊人生的個性（曾經輝煌過）一切看開了，晚年撿石玩石為樂，兼具運動賞海景！只要平安過日，老妻牽手伴他回到我們相識的地方～台東，閒雲野鶴、粗茶淡飯……過著簡樸的生活，健健康康最重要！快樂就好！祝福好同學，樂活！樂活！

但願人長久，千里共嬋娟

音樂系 張嵩懿

西江月 宋・朱敦儒

世事短如春夢，人情薄似秋雲；不須計較苦勞心，萬事原來有命，幸遇三杯酒好，況逢一朵花新，片時歡笑且相親，明日陰晴未定。

人生七十古來稀，在這古稀之年憶往昔，軍旅三十寒暑，黨國育恩，長官拔擢，袍澤溫情，念茲在茲……。民國五十三年九月，正值國家存亡危急之秋，一群二十啷噹歲的毛頭小伙子，雄心壯志，滿腔熱血，邁步踏入了革命的搖籃——復興崗。

回顧五十年前在綠崗，從入伍教育——「是、不是、沒理由」開始，接著一年級暑期戰鬥教練——跑、跳、滾、爬、越……流汗總比流血好；二年級通信教育——滴滴答答，「敲鐵片」的聲音，簡直「魔音穿腦」，搞的頭昏腦脹；三年級駕駛訓練——車聲隆隆，塵土飛揚，各個手忙腳亂，灰頭土臉，然而「馬達一響，集中思想；車子一動，安全為重」，卻也刻骨銘心；四年級跳傘訓練——

四～七秒，生死一瞬間，此時，「愛情價不高，生命才可貴」…猶記得傘開剎那，萬籟俱寂，飄忽天際，淩空翱翔…帥「呆」了！至今難忘。四年的文武合一養成教育，培育了一群頂天立地「冒人家所不敢冒的險，負人家所不肯負的責，吃人家所不能吃的若，忍人家所不願忍的氣」的傻小子，正因為有了這股傻勁，十四期成為復興崗驕傲的一期，更是師長口中的翹楚。

任職期間，同單位者較易聚會，另則在部隊演訓或受指參教育，少數同學尚能喜相逢，相聚互訴甘苦，相互勉勵；也因單位環境、任務性質不同，加上各人個性使然，順利者——談笑風生，不如意者——低頭嘆息或牢騷滿腹…但也終在同學鼓舞下綻開笑容。然而亦有同學只能靠「書信」連繫，尤其是外島地區，「船」帶來了離鄉遊子無限希望，不過，總是「幾家歡樂幾家愁」，等船、等那隻字片語…其心事有誰能瞭解，能給它慰藉；如非身歷其境，誰願過著「看海的日子」…。

民國六十七年，是同學軍旅生命的轉捩年，由於個人理念，家庭及社會環境變遷，部份同學退伍轉業，選擇事業上的第二春。不管是創業自當老闆，或轉服務公、民營機關、公司，慶幸的是都擁有自己的一片天。而賡續走軍旅生涯者，更能朝夕惕勵，為單位榮譽、官兵疾苦，勞心勞力，無怨無悔，犧牲奉獻，其所堅持的正是「責任、榮譽」，更明確的說是「復興崗」精神。

歲月不饒人矣！遙想「公子」當年，雄姿英發，意氣飛揚，而今已是使用「敬老卡」的銀髮族矣！然而，每當耳邊傳來「爺爺、奶奶、阿公、阿嬤」的聲音時，臉上顯耀著慈顏，滿足…啊！人生是彩色。遺憾的事，有幾十位同學「胡知一夢飛蝴蝶，更使千秋泣杜鵑」天上人間，不勝唏吁，但願魂夢為勞，保佑大家平安…。特此為末次、穎州兄及各系往生英靈——祈禱！

回憶是甜蜜是苦楚，各因所處環境際遇不同而有差異；況且「家家有本難念的經」，然「運用之妙，存乎一心」。軍旅生涯，有得有失，不如意的如同過眼雲煙，隨風飄逝；珍惜切身擁有的成果才是真實的；唉！人生如浮雲朝露，走過了一甲子歲月，已近古稀之年，得之我幸，不得我命；亦復何求？僅就微薄淺見與同學分享：

一、處世之道：談人——生是非。論事——起爭執。情深——有麻煩。曲高——無知音。唯人——要獨處。

二、生活三樂：

（一）及時行樂——樂者、工作也。不因事小而不為，做自己愛做的事，愛自己所做的事「心動不如馬上行動」，「今日不做，明天就懊悔」，凡事把握時效，今日事、今日畢。當然，能提前完成！樂哉。

（二）苦中作樂——人生不如意事十有八九，並非每件工作均能順手順心，當遇困難有障礙，絕不能頹喪消沈，更應化阻力為助力，保持樂觀奮發愉快的心情，以有事當作沒事做，沒事當作有事忙。此閒情逸致也是一樂。

（三）知足常樂——人家騎馬我騎驢，回首再看行路人，比上不足比下有餘。不怨天，不尤人，退一步海闊天空，擁有自己一片天，美哉，樂哉！

「人有悲歡離合，月有陰晴圓缺」，「人生不相見，動如參與商」，「一壺濁酒喜相逢，古今多少事，都付笑談中」，祝福各位同學：「但願人長久，千里共嬋娟」。「歲歲平安晉福壽，年年有餘增康寧」——福氣啦！

憶往情深

政二 黃錦璋

錦璋世居臺灣東北部縣份的鄉下，歷代務農。民國五十一年畢業旅行，教官（兼導師）引導參訪北投復興崗，予我極佳印象，自此深深嚮往；畢業後雖曾在一家規模很大的農場，學以致用了兩年，最後還是放棄月薪九百元的農技工作，選擇就讀「政工幹部學校」預備班學生，月薪七十五元。從鄉下來的孩子，形象很土，所以被同學取了個綽號叫「草包」。

就讀軍校既是我自己的抉擇，故無論學長「管」、學校「訓」、部隊「磨」，軍旅生涯如何艱辛，對我而言，並不以為苦。

服務軍職廿八年，讓我體會「年齡是個寶、學歷不可少、長官同儕的助力很重要」。然而，軍中這個大社會，成也是自己，敗也是自己，端看自己的心理怎麼想？事功怎麼做？只要方向正確，實事求是，工夫下得多，成功機會就多、就大；反之則不然。

此生服務軍旅，曾受祖懷、桃華、偉國等幾位同學鼎力相助，否則很可能就在總部（中校）終老退伍。民國七十三年秋，在國防部○○處服務期間，曾因工作過勞，罹患腎結石，幸有偉國兄澈夜照料，才撿回了一條小命，恩同再造，不可疏略不提。

民國八十五年軍職外調，轉服退輔會，前後六年，由於有了威國海光、熺城及禾平…等幾位同的策勉，照顧與鼓勵，使得工作方面，從無到有：開創了「榮欣聯誼會」及「榮欣文教基金會」，此一工程凝聚了榮民第二代，將直到永遠。

文職後期，請調回故鄉的榮民醫院服務，極盡全力為住院榮民服務與照顧：記得民九十四年夏，一位住花蓮榮家，八十三歲來院治療第二次中風的病患，賀○○，經我床邊訪談，得知其此生最大心願是希望回黑龍江省，齊齊哈爾老家落葉歸根，一個高齡重病根本不良於行的老人，他這個願望若欲成真，確有極高的困難度，更何況兩岸航空公司，根據醫師的評估：「血氧」不足，不准購買機票，在百無半步的難題下，只有突破求全，派我的社工員，專人護送，在自負安全維護的條件下，終於送達齊齊哈爾，交其住齊齊哈爾的外甥帶回，自此，賀老榮民的親人，也成了我如今的好朋友，五年後，賀老終於圓了他「落葉歸根」的夢想，這件往事在我心中，忒感欣慰。

民國九十六年夏，退休後整理多年來醫護團隊們的著述予以分類，每年應邀為縣內退伍軍人協會榮民們講述「銀髮族養生與保健」，分享予榮民前輩，聞者受惠，好事哉！

閑來無事時，與拙荊「臥草塌，弄笛書賦」；握筆桿，慕習書法；蒔花拔草，為我一大樂事也。

一〇二、一二、二四

浮生歲月掠影

政四 譚遠雄

大時代的變局，改變了我們這一代人生的命運。日寇侵華，家父投筆從戎，隨遠征軍南征，路經雲南楚雄，遇我誕生，團長給我取名遠雄，以資紀念。國共戰爭，又讓我們流離失所，輾轉隨著國軍部隊來台。民國四十年代，軍人待遇微薄生活艱苦，父親任職防砲部隊，長年外島本島各地駐防，甚少在家。母親獨自一人撐起家計倍至辛勞，因其幼年失學不識字，一切教育靠子女自己勤學苦讀，兄妹弟成績也能名列前茅，家母民國七十四年當選陸軍模範母親，足堪慰勉。

十六歲離家在外求學，讀基隆水產高職三年，全靠基隆防砲部隊官兵提供食宿，民國五十二年完成高職教育。五十三年因個人辨色力弱，體檢判為乙等體位，無法投考三軍官校，以及繼續向航海事業發展，而改為考政工幹校預備班，半年後升入復興崗十四期政治系。在絕對性的信仰主義、無條件的服從領袖、不保留的自我犧牲、極嚴格的執行命令、四大精神教育下，完成了四年法學士與少尉軍官養成教育。

二十年軍官生涯，差不多十五年在外島，從基層排長幹起，歷經連營輔導長、師科長、旅處長、軍科長、師副主任、師主任，聯勤總部及陸軍總部監察處長等職務。比較特出工作，是在東引主管戰地政務，在蘭嶼進德班涉及教化教育，接觸的人與事工作性質，與正式軍人本職工作相差甚遠，在與民眾鄉親、社財團法人、公教機關、地方事業工作接觸上，以及執行軍監出獄士官兵感化教育裡、種種的體驗，讓我學習到協調、服務、樂群、奉獻、熱誠，積極，創新、是讓工作推行最大的助力，讓我獲益甚多。

民國七十七年十月，自軍職退下來後，年紀不過四十餘歲、自認還能再創人生事業第二春，進入製造業時，也順道赴文化大學企業管理研究所進修，提升自己學能，便利適應職場上需求。先後在嘉新食化，光男企業集團總務單位擔任經理，民國八十年初期在浙江寧波太平洋蘆筍公司，擔任營運長，輔導大陸農民種植蘆筍，外銷到日本東京。中期在浙江金華擔任江南陶瓷公司總經理，製造地磚內銷大陸市場。

民國八十年晚期，被徵召回台，在高雄成立三多管理公司，籌畫台灣發行樂透彩券事宜，考察德國樂透事業，規畫台灣地區三千家，仿照德國經營模式的彩券門市，以年營業額一千億為目標，無奈凍省後財政部修法，由中央統一發行，而股東們投資三億五千萬，泡湯結束。不過第一年台北市銀經營彩券事業，年營業額一千零二十億，與我原規劃相近。

民國九十年代，先後在東森得意購，擔任物流部、管理部協理，與廣通電視購物任副總，對電視購物，網路購物，型錄購物，有了新的認識。也考察過大陸電視購物市場，由於物流、商品流、財物金流、客服端、收款退貨機制等不健全，以及不能做現場直播，與晚間黃金時段不能播放的限制，大陸雖有十三億人口，但是評估是不能經營電視購物事業。

人生職場奮鬥近二十年，在一個平凡的我身上，經歷過許多不同行業經驗，每一種工作中，都讓我學習到不同思維邏輯與做事方法，這些實務經驗，給我的啟示是要創造被利用的價值。每一個行業都帶給我寶貴豐富人生經歷，工作有挫折、有打擊、有冤屈、有壓力，人生不能重來，意外隨時發生，在職場上對不同的挑戰和挫折，要學習應變和妥處，熱誠和認真，溝通和妥協，才能解決困境。平日要建立人緣與人脈，遇順境與逆境，都要抱著感恩的心，感謝的情。

民國九十七年退休後，先後在新北市府辦的電腦基礎班、歌唱班、世新大學攝影班學習，又於一〇一一年設立『遠雄爭鋒』隨意窩日誌部落格，與龍馬隊每周兩天休閒聚會，到國內外旅遊，充實了退休後生活的樂趣，最後的日子將與時間健康來爭鋒，免於飽食終日望秋先零之憂。

林熺城小傳

政一　林熺城

余姓林名熺城，別號士鑑，世居桃園縣大溪鎮。民國五十三年九月十四日志願從軍，就讀政戰學校，有幸與各位同學朝夕相處，砥礪互勉，五十七年學成畢業，服務軍旅廿八年，於八十五年九月自中科院政戰部副主任職退伍，轉任退輔會服務榮民（眷），於九十九年一月十六日自苗栗縣榮民服務處處長職屆齡退休。

追憶半生戎馬，竭智盡忠，奉獻心力，期間雖歷經不少挫折，但終能逐一克服，安然渡過，讓公職生涯劃上完滿句點，深感榮幸。

退休後要過平靜、清淡、規律的生活。每天作息有定，主要活動是晨昏運動健行，修習佛法、閱報，較少外出交際應酬，然能適時參與附近社區等公益活動，與人為善，廣結善緣。深感退休生活能放下，隨心自在，過得很悠閒、快樂，余願足矣！

入伍憶往

政二一 王漢國

今年是政治作戰學校第十四期同學入伍從軍的五十週年，同學會會長趙華淼將軍和服務團隊的工作夥伴們已發出了籌備通知，要全體同學回到母校復興崗歡聚一堂，再續前緣。

時間過得實在是太快了，轉瞬之間入伍已是五十年前的事。半個世紀的歲月倏忽而過，初入軍旅的日子，有如電影的場景，一幕一幕的映入眼裏。

細數過往的18250個日子，無疑的，民國五十三年入伍的那三個月是永難忘懷的。現在回想在軍中接受嚴格的體能、軍紀訓練，吃苦有如吃補，正是為當時血氣方剛、少不更事的我們，開發出生命中最堅實無比的能量。記得我們是在北投復興崗接受入伍訓練的，當時住在靠近木蘭村的幾座鐵皮蒙古包裡（現為堅如樓），每天頂著夏日的烈陽，接受一波又一波的嚴格體能操練。小坪頂的靶場，我們是常客；精神堡壘後方的超越障礙場，是我們鍛鍊膽識、勇氣和意志的基地；還有那首「看陽明山前的革命幹部，氣壯河山；聽復興基地的反共怒吼，聲破長空」的巍巍校歌，也成為入伍教育的主旋律。

入伍期間，有許多長官是一輩子也不會忘記的。像朱壽鴻先生，擔任我們學生營的營長，他是一位既嚴格又平易近人的長者。在訓練的課目上，他絕不馬虎，受訓時他常常用「嚴師出高徒」這句話來教訓我們。可是，在日常生活的接觸上，他總是和藹可親，殷殷垂問，跟家人無異。當時，擔任班、排長的都是前期學長，也都是從畢業校友中脫穎而出的佼佼者，如排長丁振東、王耀華、余育培（九期），班長平振剛、陳豪男、嚴昭慶、李經文、王定華（十期）等……。他們的以身作則、事必躬親，望聞問切、誨人不倦的神態，至今仍清晰的鐫刻在心田。

五十年後的今天，我認為入伍教育對於年輕人來說是一個脫胎換骨、開啓人生新里程的關鍵時刻。

第一、認識團隊重於個人的道理。想想當時來自全省各地約三百餘位的社會青年，一道接受入伍，那是個「不知天高地厚，只會標榜自己」的渾沌年紀，一下子要過起團體生活，是相當難以適應的一件事。每天從早到晚，幾乎沒有自己獨處的時刻，九個人一班，三班一排、三排一連，在大操場出基本教練時，「班」就是我們的小團隊，一起面對嚴格的訓練，榮辱與共，而自己也隨著操練，漸漸融入在行列之間，成為名副其實的「小小兵」。

第二、懂得吃苦就是吃補的道理。入伍期間有三苦，思親苦、思鄉苦和思那前路漫漫的苦。當時，我家住在屏東市，一南一北，回家一趟要坐上十多個小時的火車，那時火車燒煤炭，回到家裏，全身都被薰得黑黑的。那年頭既無網路又無手機，更沒有時間寫家書，夜深人靜時，一旦思起父母鄉親，那種深深的想念，是少年時的獨特經驗。尤其想到未來入伍結束之後的四年軍校生活，那更是一條漫漫長路何時休？人不時陷入天人交戰、何去何從。可是，殊不知那些苦痛和折磨的過程，卻成為我日後軍旅生涯的一種抗壓力、抗逆境的源源動能。

第三、深體堅持就是勝利的道理。記得復興崗的創辦人蔣經國先生，他有一句名言：「堅持就是勝利」。入伍教育的目的，就是要磨練人的心智和性情。事實上，每一項訓練科目，都是對新生的心智和體力的一大考驗。例如，五百公尺武裝超越障礙，兩百公尺武裝游泳，若無堅持到底的決心，是萬難通得過的。又如夜行軍於山巔水涯之際，還要隨時處置上級所下達的各種狀況，若無充沛的體力和堅韌的耐力，孰能致之？

此刻，心裡充滿著期待，期待再相會。在歷經半個世紀歲月的掏洗之後，我們將以什麼樣的歡顏相濡以沫?我們將以什麼樣的儀節追念師友?我們又要用哪一首歌曲來傳唱心聲於天地之間?

附記:我入伍時被編在第一連,其他各連的師長不及一一登載,特此聲明。

律師生活甘苦談

法律系　賈育民

民國六十七年駐防金門擔任師部軍法組長，因見軍中長官的法治觀念與我的理念不合，因而毅然決然地將陸軍總部徵詢是否繼續留營的公文，用簡便行文表直接勾選了退伍寄出，翌年二月，就這麼脫下穿了十年的「老虎皮」。迄今將屆滿三十五年了；才感覺時光飛逝，一下子從三十五歲的青年變成了七十歲的老人！

退伍後，白天在高雄地方法院檢察處及台北地方法院擔任了六個月的實習書記官（我參加六十年法院書記官普考及格，因規定須實習滿六個月成績及格才發給普考及格證書），實習期間薪資按委任六級再打八折，所以只拿到三四九九元。當時我第三個孩子即將出生，雖有太太擔任教員的薪資可以渡日，仍感見襟支肘，因而激發了我要奮鬥的意志，早上八點半前到台北地方法院上班，下午六點下班，晚上八點到十二點在四樓公寓的頂樓拉了一盞兩百燭光的燈泡，泡杯濃茶，固定研讀四個小時的法律書籍，準備律師檢覈考試，終於皇天不負苦心人，在當年十月接到錄取通知，欣喜之餘也接到台灣高等法院檢察處派任書記官的職務，經過思考，我決定放棄書記官的派令，經兩個月的籌畫，在台北市開封街租了一間三樓的房間，作為我的律師事務所。

在剛開業的前兩年，因為我沒有任何人脈，也沒有好的社會背景，一個人單打獨鬥，收入當然是不夠開銷，把定存的十七萬退伍金質借出來，到期再回存。就這樣三年過後，才算日漸好轉。我不交際應酬完全憑苦幹實幹為當事人解決一些法律問題，當我的事務所遷到漢口街的現址後，才逐漸在台北站穩了腳步。

在擔任律師的期間，就刑事案件來說，律師的身分在法庭上要面對檢察官與法官對被告的審問，如何使自己的見解受到法官的採納，作出對被告最有利的判決；在民事訴訟方面，除了法律見解能獲得法官的採用，要保護當事人權益，都是要花腦筋的。

以我的經驗，刑事案件，法官多已從卷證資料形成心證，很少能對檢察官提起公訴的案子，能辯到無罪。只有請求從輕發落罷了。

而民事訴訟，必須搞懂法律關係，正確適用法律及判例、解釋、及學說，更重要的是能夠維護當事人的權益，能夠使權益獲得最佳保障，所以有些案件能夠和解，也不失為解決糾紛的辦法。

執業前十三年，對於所有訴狀都是先起草稿，交給事務所的工讀小妹幫我用打字機繕打，我都是利用晚間檢查完小孩作業，簽好家庭聯絡簿，等小孩睡了我才開始看卷撰寫，所以經常到半夜甚至凌晨才就寢，最誇張的一次是直到早晨六點多我才收工。上班後交給小姐打字，後來小姐離職遂改由打字行打印。到八十一年小兒教我使用電腦作業，我便開始自己在電腦上作業，列印出來的狀子既整齊又美觀，實在自科技進步所賜。

擔任律師最重要的是開庭，雖然法官有訂庭期，最怕是沒按時間開庭，有好幾次都延誤兩個多小時，能準時開庭的實在少有，所以在法院浪費的時間真的不少。但我也曾遲到三分鐘，當我踏進法庭，正好法官宣示本件辯論終結，某月某日宣判，對造律師也步出法庭，收到判決時，判決書上還記載：「被告經合法通知無正當理由未於言詞辯論期日到庭，爰依原告一造辯論判決。」的詞句，是最難向當事人交待的。

擔任律師這三十多年來，最得意的一件案子，是替一位中央印製廠的勞工爭取到假日工作報酬，該假日工作報酬是按一日工資的三倍發給，我的主張是例如每月三萬元，平均每日一千元，勞工每七天至少要休息一天，休息日不必工作也可領一千元。如果假日工作工資應加倍發給，所以假日工作的工資應該是二千元，加上原本不工作的一千元，他應該領三千元才對。結果不但法院採取我的見解，連勞動基準法也因此作了修正。

另有一件石牌綜合市場調整租金的案子，業主對攤商要求調整租金三倍，我代表攤商出庭，一、二審都敗訴，遂以台北市市場管理規則中規定「私有市場調整租金須報請市政府建設局核備」。而以該案件業主並未踐行該程序提起上訴，結果蒙最高法院民事庭庭長會議決定「私有市場調整租金須依市場管理規則先報請市政府建設局核備。」而將該案發回高等法院更審，第二審更審改判攤商勝訴，自此業主未再調整租金，直到數年將市場賣給財團，原有建築現已拆除，暫為停車場，據聞將開發建築商業大樓。因為該案，我沒有接受業主的收買，我跟全體攤商成了朋友。他們送我的一片牌匾「伸張正義」還掛在我事務所裡。

擔任律師這些年來，無法決定一個案子的開庭次數，最怕的是被告人數多、律師也多，請求傳訊的證人也多的案子，尤其刑事訴訟法修正後，交互詰問的時間冗長，無關自己當事人的開庭也必須在場，浪費的時間更多，簡直毫無效力可言，但又不得不出庭，實是最苦惱的事。

我接辦的案件中，有一件第一審就拖了七年，一共換了四位法官才作出判決的案子，現仍在高等法院審理中，至今高等法院也換了第二位法官接辦中，從對造起訴至今已是第十個年頭了。

以前，社會上都認為律師是高收入者，而我卻沒那個福氣，勉強像個中高級公務員，但勞神費心的程度，要比公務員辛苦多了！最近報載全台有一萬三千多位律師，每年律師考試錄取人數也以四位數增加中，目前實際執業的有七千多位，所謂的「流浪律師」的稱號都出來了，足證這個行業在日漸沒落中。

國父說：「人生以服務為目的」。所以我除了繼續在這個崗位上打拼外，我也在台北市政府參與由台北律師公會輪派的法律諮詢服務外，更在北投區民眾服務社擔任義務律師，每周五下午作二小時的法律諮詢，也在北投區裕民里、福興里、榮光里、石牌里利用每月第一、三周下午及晚間，分別做義務的法律諮詢，為民眾解答一些法法律疑難，感到也是一件快樂的事！

走正路，一直是自我惕勵的方針，各位朋友，您說是吧！

軍旅生涯——人生三部曲

藝術系　張清民

我們每個人都是帶著使命來的，無論多麼渺小，微不足道，都會有你安身立命的角落。

我的軍旅生涯前五年在部隊，後十五年多，在「心盧」渡過，從研究員到心戰傳單組長。當時的敵我雙方態勢，唯一能產生作用的方式，只有廣播和心戰傳單兩種作為，我能參與此項任務是畢生榮譽。在職的十五年期間，中共方面內部發生奪權鬥爭、整肅異己：林彪墜機、四人幫跨台被關、華國峰倒台、劉少奇鬥臭、鄧小平下台、周恩來毛澤東死亡。復興基地台灣也經歷，先總統蔣公逝世、蔣經國總統提出「三民主義統一中國」、中美斷交、十大建設、經濟起飛、實行自由民主制度、解嚴、開放、總統直接民選等。空飄心戰傳單成了對中共最有效的利器，敵方還派用米格機升空擊落空飄汽球，受到自由世界國家重視，紛紛派員來台學習，母校特成立「遠朋班」，本人教授「製作心戰傳單」課程。

除了製作傳單外，每逢地方公職選舉，參選同志選情告急時，也是馳援的文宣小組成員。當時參謀總長有鑒於黨外「台獨」思想會影響軍中，特闢青年日報頭版刊登署名「立可白」筆名的彩色漫畫。

軍旅生涯中曾獲：政戰楷模、陸軍文藝國畫金獅獎、國軍文藝第九屆銀像獎、繪「天快亮了」得國軍文藝第十三屆金像獎。在臨退伍前總政戰部主任言上將特頒「文宣楷模」金盤乙座。在軍中二十餘年官雖不大，但任務大，深獲長官器重與佳許，是我生命中精彩的一段。

事業第二春

退伍後從台北先遷居南投，再搬到台中霧峰。七十八年在大里成立「造型美術設計」，從事廣告設計、彩繪，用油畫、水彩技法，以油漆為顏料，刷子當畫筆，在大面積的牆面上彩繪，造成層次分明、主體突顯、色彩豔麗、結合幼教內容，達到美化、宣傳、教學的效果。廣受幼教界喜愛，於是求畫者眾，供不應求，需按先後排序施工彩繪。踏入社會，開始修習「社會學」，所謂做事難，做人更難，要先學會做人，做事才會成功。在社會上工作忙碌，時間過得特別快，轉眼已到六十歲，原本打算退休養老了，但「人在江湖，身不由己」，又拖了兩年，才能「金盆洗手」把工作結束，放棄辛苦建立起來的事業。不要用健康換取金錢，希望用剩餘有限的時間再回到喜愛的水墨天地來，但願能做好自己，效法陶淵明「採菊東籬下，攸然見南山」！

向自然學習

如果你只是等待，發生事情只會是你變老了！真正衰退的不是白髮和皺紋，而是停止了學習和進取。每天晨起與山友到原省議會後山健行登山，呼吸清新的芬多精空氣，頂著滿天的星斗，登上山頂，沁出汗來。交到一批各行各業的山友，在一起登山、旅遊、泡茶、聊天，老人生活平淡有趣。三個女兒都出嫁了，么兒在服替代役（退休後老蚌生珠）。自己擁有一間寬敞的「綻廬」畫室，重新拾起「文房四寶」以自然為師，向自然學習，拍照當畫材，畫喜愛的花鳥「工筆水墨畫」，但願能綻放出一點成果。攝影也是愛好，旅遊抓拍的美景，後製電腦可以多種變化效果，製成DVD影片，重新觀賞回味，樂趣無窮。學習電腦在E-mail、Facebook、57復興崗與同學和網友互動分享，促使自我進步成長。自家樓上闢建「空中花園」，綠葉成蔭，遮陰效果良好，四季鳥語花香，有九重葛、櫻花、桂花、含笑、鳶尾花、蓮花、紫藤、蒜香藤、石蓮、樹葡萄、諾利果等，觀賞、遮陰、食用、健身、養心。

住霧峰有二十年了，這裡人文薈集是養老的好地方，我們都是七十歲的老人，金錢地位都比不上健康重要，學習放下，以平常、平淡、知足的心生活，人生是一趟有去無回的旅程，好好欣賞沿途的美景。懂得生活是一種品味，懂得享受生活是一種境界。

回首來時路

政三 吳恆宇

我生於一九四五年一月，當時對日抗戰進入尾聲，母親帶我及兩個姐姐，在重慶校場口躲警報是常有的事。四歲那年隨父母來到台灣宜蘭，至高三下學期，學校幫我申請保送海軍官校，初審也通過了，到第二關體檢時，軍醫誤判我有心臟病，使我的海洋夢破碎。

高中畢業後，大姐介紹我到她服務的小學代課，半年後接到家父來信，說政戰學校預備班招生，我就到台北報名，隨後進入復興崗，接受革命教育。畢業後分發58師，一年後升中尉，這時正逢經國先生的「軍政交流」政策，我與錦璋就被遴選擔任連長。

在我擔任連長的兩年半期間，剛開始隔行如隔山，部屬對我沒信心，上級的信任度也不高。所幸我一生愚笨，笨鳥勤飛，忍其百忍，我用各種方法改善自己的本職才能，終能於三個月後漸入佳境。

當時連上老軍官四人，老士官廿八人，他們都已年過四十，而我這年二十四歲。我領導的這個連，一向都由陸官正期擔任連長，現在來了一個政工（老士官用語），部屬冷眼旁觀可知。在另一方面，連上軍官的能力也弱，除老軍官外，另二人為專修班，我白天教軍事（跟士校畢業的中士現學現賣），晚上教軍歌、小型康樂，加上各種節日的壁報比賽。由於我在崗上是合唱團，也參加過文藝社，所以在軍歌比賽、小型康樂、壁報競賽中，我連成績不差。接著由於我自律甚高，帶兵也嚴。我對老軍官、老士官敢用其經驗，對表現好的士兵敢放榮譽假，自己則一毛不取，也極少休假（當時尚無女友），官兵對我開始溫暖。我連紀律良好，上級對我漸漸信任，才敢賦予許多觀摩或示範的任務，這時我才有倒吃甘蔗的感覺。

一九七〇年我師移防台北，擔任衛戍部隊。而我這個連由於深獲各級信任，加上我又是政戰連長，我連奉派擔任士林官邸的中衛。當時老總統健在，在威權體制下，東廠西廠超多，有些狐假虎威，由此我連的上級婆婆很多。譬如每次我帶官兵至官邸服行勤務，總有一至二位穿中山裝的中年特勤在旁監看，我能不戒慎恐懼？

所謂「帶兵要帶心」，我這個人外表保守，但實際敢衝。我瞭解重獎重懲的重要，對表現好與劣的兵，我比官校連長更敢獎懲；我也懂官兵心理，能適時給他們關懷。到現在為止，我仍相信帶兵如帶虎，老虎你必須捨得給他吃肉，也要善用鞭子。

我印象最深的，是一九七〇年冬天的緊急移防。當時我旅駐守北投的一個連，在一個狂風、暴雨、雷擊的凶惡晚上，一位單哨士兵突然發狂，他在北投大業路與大度路交叉處的連部（朝賴橋旁），發射一枚一〇六砲彈，砲彈炸聲震驚了兩公里外的官邸。受此事件的影響，出事的連調往松山永春坡；而我這個連，奉命在廿四小時內接管那連的六個據點，還要立刻進入備戰狀態（是當時的氛圍）。這對我這個中尉連長而言，是很不容易的任務，但我咬緊牙關的完成了。

這次緊急移防辛酸甚多，也委曲不少。尤其事件後我連官兵的心理，受到極大創傷。包括僅有半天的準備時間，就迅雷式的移了防；以及在移防後，又立刻要面對許多上級的督導。長話短說，我很感謝老天爺的保佑，我們終於平安的通過考驗。在狂風暴雨過後，終於藍天白雲再現。

連長卸任後，我歷練過幾個參謀職，而後到王昇所辦的心戰研究班，接受兩年密集教育，然後分發到母校敵情系服務。

我個性好靜，喜以教師為志。毛澤東罵老師是「臭老九」，我這一生當臭老九超過四十年，那就更「臭中之臭」了。

回首我的來時路，對復興崗我有顆感恩的心，對國家民族也有熾熱的愛。個人往事如煙，但我們大家的光陰故事，永在我心中澎湃。

黃河是孕育咱們中華民族的母親河。而復興崗對我們來說，他育我、愛我、照顧我，使我們能屢經挑戰，並通過一次又一次的考驗。我們十四期共同寫下的光陰故事，它有淚有愛有憂傷，但沒有任何一絲的遺憾。

趙中生小傳

政一　趙中生

中生祖籍山東濟南，民三十八年與父、母親隨政府來台，輾轉定居於台中清水眷村，民五十三年清水高中畢業，考入幹校，接受為期四年之正規養成教育，民五十七年結業分發部隊開始漫長之軍、文職生涯。

此其間，先後完訓於幹校高級班、三軍大學陸軍學院、戰爭學院及兵學研究所，並於擔任兵學研究所高級教官任內晉陞少將，繼調本校政治教官室總教官之職，民八十六年元月奉調國軍退除役官兵輔導委員會，軍職外調轉任文職人員八年，並於民九十三年任職新竹榮民服務處處長任內退休。

前後三十六年因駐防、演訓或戰術研究、職務調整之因緣，足跡行遍全國東、西部縣市及離島、外島地區，計金門一次、馬祖三次、澎湖一次，另在兵研所期間為研究歐戰之戰略、戰術運用，曾遍訪英、德、法、印尼、新加坡等歐亞十餘國。

綜論之，三十六年間在政戰主管職方面，曾任軍副主任以下職務；在幕僚職方面，曾任陸總部以下各級參謀；在教育職方面則為三軍大學兵學研究所高級教官，任內並編纂國軍軍事院校深造教育教材如：「世界政治思潮之比較研究」、「心理戰略」、「東北亞、東南亞地區戰略評估」、「戰區戰爭面之建立與運用」，作為教學之用；在文官體系方面，則擔任桃園榮民服務處副處長、新竹、雲林榮譽國民之家副主任，及新竹榮民服務處處長等職務。在黨職方面，於退休後服務於黃復興體系下、黃國安黨部擔任五年之考紀常委。

民九十三年退休後，仍居清水，民風純樸，生活機能尚佳，適合養老。三子均已成家，且有正當職業，分居桃園、台中、高雄三地，孫六人，上至高一，下為小一。特重家庭倫理、藝能與語文教育，務能培育具競爭力及對國家社會有用之才。

退休迄今已近十年，所謂養生之道，無外乎一切順其自然。

檢視過往，所經所歷，苦、樂俱有，要能忍受孤寂，克服陌生環境之心理障礙，更要在艱困條件下完成上級賦予之任務。志慮精純，不計謗譽。然因個人學能不足，自制力亦有欠缺，在生活及工作上常有缺失、疏漏，每念及此，總會感念在職時，諸多長官之匡正與提攜。念茲在茲，卻無以為報，唯默禱能身體康健、家庭安泰。

最後，敬祝

第六屆服務團隊及全體同學健康快樂。

弟趙中生敬上，民一〇三年元月

陳鎮雄小傳

政一　陳鎮雄

陳鎮雄民國五十七年畢業分發海軍陸戰隊，服滿十年後，即考取軍訓教官，民國八十五年上校階居滿廿八年退伍。目前回到故鄉埔里定居，並從事擔任寺廟、社區及客家文化發展協會義工，每週均以客語薪傳師身份，前往附近各國民小學及幼教班教授客家母語，並教唱客家歌謠、自娛娛人。

現居住之原鄉屬於客家庄，偏僻純樸幽靜，適合退休養老，過著清靜無憂的鄉村田園生活。

走過復興崗五十年

政四　陸安民

今生有幸能成為國軍的政工幹部，說真的感覺不虛此生，尤其與我十四期同學長相為伴，更顯精彩。

五十年的歲月，在我們的人生來說，幾乎就是一生的精華所在，何其珍重，也何等回憶。當我思及往事，想想！朋友或許可以變更，但是同學那是改變不了的事實，所以我特別的珍惜它。

民國五十七年畢業，我分發到空軍服務，和同學們都一樣，竭誠的盡忠職守。自防砲部隊、供應司令部、機械學校，到民國六十七年以空軍少校退伍。隨即考取中國國民黨專職黨工，繼續為黨國效力，自專員、主任、組長到縣黨部副主委，歷盡許多選舉，結交無數朋友，看遍中華民國在台灣的民主發展過程，頗有萬千的感慨，但也領略到這就是所謂的人生。

民國八十六年我自黨職退任，立刻轉到衛生部旗山醫院及高雄縣茂林鄉公所擔任秘書職，民國九十一年當選高雄縣橋頭鄉長，親自參與家鄉的服務工作，何其實際與快樂。

人生歲月雖短暫，惟我歷經了中華民國基層的黨、政、軍工作。於黨我彩繪了社會、為政我服務了人民、從軍我捍衛了國家，因此我已無怨無悔。

如今退休閒賦在家，除與好友們泡泡茶說說笑之外，也參與中華文物的推動，偶爾陪好友到大陸發展農業與旅遊事宜。希望在後段人生中，仍然有光有熱的點燃著，既不失去理想，也過著平淡而多彩的生命。這應該也是我們復興崗的精神。

二〇一四、一、二

離開復興崗五十個年頭

藝術系　葛勝利

離開復興崗五十個年頭了，在這近五十年的歲月中，對我來說漫長且經歷了許多事物的變遷，其中有喜有悲……結婚、生子、父親病故、母親中風、離婚等等，「痛」始終隨著我，而今與我弟弟、兒媳一起過日子，每天固定的程式中渡過，如同機器般枯燥無味。

近五十年歲月中，我最高興一件事，那便是在八十六年六月三日為我中風的母親張玉珍女士過八十大壽，親友們、同學們的蒞臨歡聚，沖淡了我心中的苦悶與重擔，在此衷心感謝並祝福大家，尤其是生命中的幾個貴人張嵩懿、張清民、王彥慧、王映昆、刁德昌等，她們對我的助益我銘記在心不一一表述。

五十年一飛而逝，而我依舊責任未了，從小跟著我的智障弟弟，是父親臨終時的託付，照顧他是我唯一的責任，我是個極為平凡的人，喜、怒、哀、樂等七情六慾我均具有，常有情緒化反應時，我總以「紅爐點雪」來惕勵，把旁人給我的不愉快與煩惱，如同紅爐點雪，很快的化解掉不放在心上，因此我過得十分快樂。

同學們！虔誠的祝福妳們身體健康、事事順心！

浪淘沙‧七十抒懷

政三　楊　浩

回首復興崗，感恩懷舊。笑傲郵壇任風流。舞文弄墨渡晚秋，歲月悠悠。退役學從頭，再蕩輕舟，詩書為伴遠王侯。黑白是非任評說，我自逍遙！

七十抒懷：我一生走過的路，值得！

一、我的青少年時光：

我抗戰出生時父親任團長，與高華柱上將的父親高芳先將軍是結拜兄弟，我父親是一代武學宗師，我少小習武，民國四十四年在三軍球場表演蟠龍棍，揚名第十屆全省運動會成為報章雜誌的風雲神童。軍旅戰技班七期畢業，精通武術、堪輿。

初中加入童子軍，是中國第四號的羅浮童子軍，十八歲就讀建國中學時當選童子軍總會代表，參加《全國第一次青年代表會議》。

家裡有田園（有一百多棵楊桃樹，數百棵芭樂樹）我會種田、插秧、割稻，精於種植各種瓜果蔬菜，養過雞（家裡最多時有一萬多隻）、養過鴨、鵝、放過羊，精於園藝盆栽。

房地產等等家財，都被外祖父敗盡，絕望時，父親要母親一齊跳海自盡，母親說「我們還有孩子要撫養，孩子長大了就有希望！」母親擺麵攤撫養我們，繳不起大學學費我讀了政工幹校、二弟一代宗師楊維傑博士十七歲提前入營至金門當了兵。

進入幹校後家境漸好轉，四年沒有虛度贏得佳人劉應章同學歸，現在松山慈惠堂的土地原是我家的，我與劉應章同學結婚的新房就蓋在此處。

二、我的求學之路

小學、初中、高中、法學士、中醫學士、碩士、博士。

三、我的軍旅之路：榮譽和建樹

六十二年當選莒光連隊及第十屆政戰楷模，安全局安全幹部研究班論文寫作第一名，局長王永樹親頒獎金五千元。

我建議、籌劃、作業編組成立了《陸軍反情報隊》，我在「精實案」國軍全面精簡單位裁減兵員時，增加政戰員額幾乎不可能時，簽呈計劃、協調自各軍團、防衛部支援抽調員額、協調各特業署處、配置車輛、油料、裝備、經費、完成隊部及各分遣組員額編制，多次簡報，歷經四年兩任總司令，在郝柏村總司令任內完成。

我奉令試辦、承辦、恢復停辦了十年（前後六期）的《金門戰鬥營》，我奉令擔任副主任兼執行官，試辦第一期邀請了高希均博士等二十八位知名學者參加。國防部指令我接受《台視六十分鐘》《中視九十分鐘》《勝利之光》及各大報章雜誌及電台專訪，獲得肯定，經救國團潘振球主任及總政戰部許歷農主任一同晉見面報救國團創辦人蔣經國總統，獲准恢復《金門戰鬥營》，我退伍榮獲救國團李鍾桂主任頒發獎牌獎狀表揚。

服務軍旅沒有走到儘頭，我懷念熱愛服務軍旅時的同學長官和故舊。我為中華民國建國一〇〇年籌劃舉辦個國軍郵展，是我力所能及的事。在國防部、交通部、中華集郵聯合會支援配合下我舉辦了《中華民國建國一〇〇年國軍郵展》，請同學見證分享我們曾共同擁有的大家庭「國軍」的喜慶，在慶祝建國一〇〇年的活動裡，我們十四期同學沒有留白！總算是心想事成的達成我渺小的報效國家的夙願！

四、我的百姓創業之路

我七十二年晉升上校，歷經五年申報退伍，卒於七十七年十月一日自金防部後指部主任退伍，返台北一下飛機就被抓到黎明文化事業有限公司任國內部兼國外部經理，任職三個月決定不再吃公家飯，從此浪跡天涯。

我創辦了《霓紅燈科技公司》《樂群文化事業公司》《樂群書局》《樂群郵社》《呯豐投資股份有限公司》《集郵界雜誌社》《藝術家雜誌社》《樂群生活雜誌社》，香港《偉星房地產公司》，任董事長及社長並發行股票。

生意失敗負債數千萬淪落擺麵攤兩年，東山再起住過重慶西南大飯店一天十二萬人民幣的總統套房。

五、我的集郵之路

（一）郵集之多為上世紀全世界華人之冠：

我集郵六十餘年，潛心於郵學研究四十多年，集郵四十年時，中國時報曾對我做過「楊浩集郵四十年」專訪的大幅報導，肯定我集郵的來時路。

我收藏之相關郵票、封、片、簡、文件超過一千萬件，許多是歷史孤品、郵史珍品，具有時代及斷代意義，我現有郵集兩百餘部是迄今所知，全球華人集郵家搜藏最具規模、最龐大的一部郵集。

（二）我舉辦了上世紀全世界集郵家最大規模個人郵展：

我在台北、台中、台南、高雄、花蓮、桃園、嘉義、旗山、台北市動物園、十分大瀑布等地舉辦我個人150框郵展（自備十五噸卡車及展框）。

我應邀在泰國、北京、廣州、香港、澳門、湖南、安徽、山東、山西舉辦個人巡迴郵展。

國父一四〇年誕辰，我應邀至翠亨村孫中山紀念館展覽《孫中山郵集》。

（三）我的郵票、郵品、郵集、蒐藏品價值可觀，現市值價值數億元。

（四）我的集郵榮譽：

一、我對集郵卓有貢獻九十五年中華郵政110周年表揚大會，獲交通部長頒發獎金一萬元、水晶獎杯一座表揚。

二、我在北京主持了全中國各集郵商會的《開創我國集郵對外文化交流的新局面集郵研討會》

三、我在長沙主持了中國《全國第一次匯兑研究學術研討會》

四、我在廣州中山大學主持了《紀念孫中山誕生140周年粵港澳台集郵學術

研討會》

五、我在廣州主持舉辦了中國《全國第一次包裹集郵學術研討會及第一次全國包裹集郵展》

六、我在廣州主持舉辦了中國《全國第一次匯兑集郵展》

七、我在廣州主持舉辦了中國《全國第二次匯兑研究學術研討會及第二次全國匯兑集郵展》

八、在臺灣及大陸大江南北舉辦我個人的郵展學術演講上百場，在郵壇備受禮遇與尊崇，曾多次代表中國頒獎新加坡、越南、坦桑尼亞各國駐中國大使，與古巴外長，葡萄牙、墨西哥駐中國大使友好。

六、我的著作寫作之路

已逝歲月中，寫了一千多萬字的郵學文稿，我曾應邀在「中國時報」及「廣州南方都市報」寫《楊浩方寸之美專欄》，加上小說及中醫書稿，出版書的高度也快和自己般高了。

在著作及集郵這條路上獲頒國家、亞洲及世界級之金獎、大鍍金獎、鍍金獎等二十一座，沒有交白卷。

七、我的代表著作《楊浩學術論文集》叢書

一九九七年聯合報香港全球「華人作家暢銷書排行榜第二名」

《楊浩學術論文集》叢書之一

《小說論評》叢書

一、天安門風雲

二、故園舊事

《楊浩學術論文集》叢書之二

《中醫學術》叢書

一、拔罐療法臨床現況與進展

二、健康小品第一集

三、健康小品第二集

四、健康小品第三集

《楊浩學術論文集》叢書之三

《郵海探微》叢書

郵學目錄編著：

一、最新香港郵票目錄（彩色印刷）三版
二、最新澳門郵票目錄（彩色印刷）七版
三、澳門集郵史話暨郵戳圖鑑（1834-2001）
四、福祿壽禧吉祥如意郵票目錄（彩色印刷）二版
五、中華人民共和國國內包裹詳情單研究暨圖鑑（1949-2002）
六、中國人民對外友好協會友好系列郵票品目錄及述介
七、中華民國儲金郵票研究暨圖鑑

郵學專著：

一、中國郵政匯兌研究
　　榮獲第十八屆亞洲國際郵展文獻類最高獎「鍍金獎」
二、中國郵政儲金研究
三、孫中山郵票品珍藏集研究
四、百年郵話看澳門

五、澳門傳說與神話系列郵票評述

六、附加費及郵票式地方郵政附加費憑證研究

七、回憶五十年集郵來時路不容郵史儘成灰

八、生肖集郵朝聖之旅

九、中國郵政定額匯票研究

十、中國抗戰時期西南國際航線-駝峰航線郵史（1942-1945）

榮獲建國百年全國郵展文獻類最高獎「大鍍金獎」

《楊浩學術論文集》叢書之一：《小說論評》叢書兩部。叢書之二：《中醫學術》叢書四部。叢書之三：《郵海探微》叢書十七部。尚有《生肖郵票之美》《楊浩集郵六十年》《變異郵票研究》等多部書已編著完稿待出版中。

八、我現在的工作之路

樂群文化事業公司董事長（臺北）

集郵界雜誌社社長（臺北）

世界中醫師公會永久會員（香港）

中國年度外國最佳郵票評選活動組織委員會副秘書長（北京）
中國外國郵票愛好者聯誼會副會長（北京）
《中華世界郵票目錄》編輯委員會副主編（北京）
中國西部研究與發展促進會理事（北京）
中國西部研究與發展促進會集郵產業發展中心副主任
中國西部研究與發展促進會集郵產業發展中心海峽兩岸交流委員會委員長
中國朝鮮貿易促進會副會長
北京鼓樓集郵研究會榮譽會員
中國朝鮮郵票研究會副會長
中國滙兑研究會副會長（長沙）
廣州包裹集郵研究會會長、港澳集郵研究會顧問
廣州生肖集郵研究會顧問、民族集郵研究會顧問

九、我溫馨的家庭

家母九十三歲健康爽朗與弟弟妹妹等家人定居美國。劉應章曾遊學加拿大

多倫多大學、華南師範大學博士研究、美國亞特蘭大大學博士研究。我與劉應章有極為孝順的二子一女，均受研究所高等教育，分別畢業或就讀華南師範大學、交通大學及台灣大學的研究所。我倆有可愛的極喜歡我們這個爺爺和奶奶的三個孫子、一個孫女、一個外孫及一個外孫女，都分別就學中。

十、我的一生不是夢

我一生睡眠的時間每天四至五個小時，人生比一般人多了 1/6 多活了十幾年，有更寬裕的時間從事有益志趣的事。

當我生意失敗淪落擺麵攤兩年及癱瘓臥床無法坐起、生活無法自理時，從未灰心喪志，深信有朝一日我能再起，沒被命運擊敗。

我深信人生堅持不一定成功，不堅持一定不會成功，人生生命的長度身不由己，但人生的寬度可由自己開拓。

圖片請查閱 yahoo 楊浩的 BLOG 隨意窩請點閱：

http：//blog.xuite.net/yanghao1128/twblogh

飛逝的日子

政一 傅一秀

當年軍校考試，與大學聯考不同，除了筆試，還要口試。記得口試官問我為什麼要考軍校？雖然如今我已記不得是怎麼回答的，不過我想當時的回答應該有讓口試官滿意。

軍方的工作效率就是高，那年軍校入學的通知，比大學聯考錄取通知提早收到。雖然爸爸提醒我：女生沒有服兵役的義務，但權衡家中經濟之後，最終我還是選擇了軍校，進軍校在我家家族史我是第一人，至今後無來者。

民國五十三年九月一日離開家人，從新營坐火車北上，到復興崗報到，當天，爸媽和八個弟妹以及好朋友都來車站送行，這支送行隊伍，毫不輸給男生應召入營當兵的場面，只差沒敲鑼打鼓、放鞭炮、佩上「光榮入伍」，「為國爭光」的紅布條，但還是陣容浩大引人側目！

坦白招供，起初我對軍校認知不多，記得報到時，帶的二箱物品，除了內衣褲外，其它的物品都無用武之地，那二個箱子，只好堆放在儲藏室，直到三個月的入伍訓練結業放假才搬回家。

怪自己沒事先做「入境問俗」的功課，竟然還帶了收音機，準備利用課餘時間收聽空中英語教學；沒料到，那時收音機在軍中是「違禁品」，很快的向長官誠實報告，收音機就交給輔導長保管了。

天天出操，行軍，打靶的入伍教育我適應良好並不以為苦，尤其愛上軍校的伙食，比家裡的飯菜豐盛太多，每餐都撐得飽飽的才捨得下飯桌，三個月的入伍教育結束，我的體重就直線上升到四十九公斤，足足胖了四公斤，合身的軍服，拉鍊都拉不上了，只好自行修改放大衣褲尺寸以為因應。

三個月的入伍教育，是個試煉，完成了入伍教育，妳可以選擇離去或留下。記得入伍教育結束，爸爸特地北上來看我，告訴我，他已主動幫我把文學校的學籍保留了一年，詢問我的意願，我想三個月的磨練，都挺過來了，我毅然「投筆從戎」，從此就「以軍作家」。

一年級的暑訓，在小坪頂，丟擲手榴彈的震撼教育，雙手抱著鋼盔，閃躲著因爆炸而飛起的砂礫，使得初次聞到炮火煙硝味的我，真是又驚、又怕、又喜、又樂！

在小坪頂打野外，更是一項新的軍中生活體驗；天空下著雨，我們穿著雨衣進行各項戰技訓練，在雨中蹲在草坪上用餐，汗水雨水落一盤，連在地主小蚱蜢都來湊熱鬧，爭相跳進我們用臉盆盛裝的菜餚中搶食，這一餐真是夠味，這才叫「野餐」啊！

八週的無線電收發報通信教育，同學們的學習興緻很高，一時之間，滴打，打滴，滴滴打，打打滴，打打打，滴滴滴，不時的在耳邊響起，就連就寢後，都還有此起彼落的「滴滴滴、打打打、滴滴滴」的電碼聲，喔！好像就置身敵後了。

運校的駕駛訓練是最搶手的課程，大家都不願意在後座輪休，都搶著去坐前面的駕駛座，這群初掌方向盤的阿兵姊，駕著四分之三的軍車，行駛在鄉間小路上，確實風光又神氣！只是路旁散步的小雞、小狗看到我們一路衝來，不免雞飛狗跳，牠們好像知道要保住小命，還是「快閃」為妙！

在國防醫學院接受五個星期的戰地護理訓練，學到了基本護理常識並參與急救操練。傷口處理教學時，教官要我們互相包紮，被包紮的同學一個個成了「木乃伊」，最難以忘懷的是「灌腸教學」，教官要求同學人人必須親身體驗，二人一組，現場實際操作，不可虛應故事，讓同學對病人的苦痛更能感同身受。

學校四年畢業分發，看到同學有的到陸總、有的到警總，有的到空總都非常雀躍，而我仍留在女生隊，不知為什麼反而沒有一絲畢業的喜悅。

留校二年，已是女大當嫁時，目睹已婚隊職縱使身懷六甲仍要站在青春年少的學生隊伍前帶隊，連夜間緊急集合都不能例外的一樣操課。自認沒那勇氣，於是積極請調離開隊職，但未獲長官允許，並說只要還在學校內任一科系，一定抓得回來女生隊。還好小韋及時伸出援手，幾經爭取，才外調成功，但也得揮別復興崗。

在統指部呆了十年，結婚生子都在那十年。在基層受限於政戰職缺，縱使你有再好的工作績效，也具備了高級班的資歷，上尉六年才升了少校，而後長官明確表示：還有三期的學長在排隊等政戰中校缺，我只能識相的按兵不動。很是幸運我們期同學溫毓祥任職我直屬政戰主任時，承他助力把我推到國防部。

對我來說在國防部當個高司參謀並不是一件容易的差事，許多案件都要深夜加班。在史編局歷練過少校行政官，中校政戰參謀，中校史政官，並完成了政戰研究班的受訓。因為精減案，遇缺不補，還同時肩負了三個史政官的業務，才有機會以史政官的缺升了上校，最後當了副組長，並一度代理組長，如此又過了軍旅的另一個十年，直到七十九年九月底限齡退役。當時曾對「為什麼女升上校了還是要在四十五歲退役，不按上校退役年資計算，」不解？雖然我在民國六十年就乙等人事行政特考及格，退役後並沒有轉任公務員，就此真正的解甲歸田了，只是，縱使也領有一紙戰士授田證，雖「解甲」卻無「田」可耕啊！

退役至今又糊里糊塗的過了二十四年，就要七十歲了，近幾年知道要健康得養生勤運動，但頭髮還是全白了。退役後的日子，當然也有苦辣酸甜，但都是一些家務事，乏善可陳。

敬祝大家平安！健康！

我的心中話

藝術系　謝世經

「大屯蒼蒼，海峽泱泱」，離開復興崗，轉眼已居滿四十五週年。憶起昔日的青春年華，全部奉獻國家，過著與親人「聚少離多」的日子，總是充滿無限的感傷與虧欠。如此的光陰，卻蹉跎了二十七載，直至民國八十三年十二月一日，才圓滿劃下句點。

很榮幸的，再轉入民間企業——長榮航空工作。時也！命也！說好聽點，是退伍沒賦閒，實則天生的勞碌命！因退伍之日，卻是上班之時，銜接得天衣無縫，沒能休假，命中註定「勞勞祿祿苦中求」，閒不得也！

人生也頗為奇妙，在逸樂中度過的歲月，往往留下的是「嘆息！」；而在艱苦奮鬥之後，雖曾遍體鱗傷，卻獲得了「成就感」，不知是否即是「勞碌命」的另一詮釋？憶起二十七年的寒暑，雖無經歷驚濤駭浪，卻有備嚐艱辛荊棘的歷程，在仕途上，雖非平步青雲，倒也順利升了上校，並圓滿走完軍旅生活，忝無辜負國家的栽培、長官的關懷、鄉親的期許。稍感安慰的是，半生戎旅，獲景風甲種二星獎章等十四座，忠勇獎章兩座，記功嘉獎累計百餘次。最值得回憶的是：民國六十八年當選優秀基層幹部，七十一年當選楷模官兵，七十二年獲得保舉最優人員，幸獲總統府頒發榮譽獎章表揚，七十八年被甄選為國家安全工作優秀幹部。以上咸認，係平日堅守崗位，無條件犧牲奉獻，吃人家所不能吃的苦，忍人家所不能的氣，逆來順受，潔身自愛，努力耕耘，所換來的代價，俯昔思今，真是寒天飲冰水，點滴在心頭。

猶感缺憾的是，因過去平日公務環身，被迫暫與藝術脫節，無暇踐履藝術系——「蘸起眼淚和血汗，繪畫出完美大同世界」之宗旨，唯自認未完全與畫筆絕緣，但就所學論之，卻是名符其實的「不務正業」！無奈把藝術變成了副業。然對藝術的熱愛，則未曾稍減，有朝一日，書畫也會成為我退休後的生活領域，用以充實「閒雲野鶴」的人生內涵，企盼晚年，含飴弄孫之餘，能打發時間，陶冶身心，並留下美好的回憶。

歲月催人老，長江後浪推前浪，從幼年的懵懂、青年的熱情、壯年的豪放、老年的衰退，對於人生來說，是無可避免的必經歷程。相對的，從入伍的熱血、半生的戎馬、到退伍的生涯規劃，又何嘗不是多采多姿的人生里程碑？走過從前，環顧現在，畢業迄今，應是「瀟灑走一回」，過去曾是歷史的參予者，好歹也為歷史留下痕跡，一路走來，「刻苦耐勞，忍辱負重不能閃；節儉撲實，逆來順受我當先」，人生不留白，處在當時戒嚴年代，想留白也難。日月如梭，韶光易逝，四五十年來的境遇，歷歷如畫，斑斑可考，誠非尺紙寸字能表達，有感而發，略予追述，以留誌焉！

順祝諸位同學，與闔府平安，健康快樂，人人長青，青春永駐！

孫義村小傳

政四　孫義村

我孫義村，民國三十五生，台灣嘉義縣人。九歲失母，貧農出身。省立嘉義高商畢業後走進復興崗，改變了人生。

政工幹校畢業後，歷任裝甲部隊排長、連輔導長、書記官、軍法官、檢察官、縣議員、縣黨部書記長、縣政府秘書、主任、發行人、基層黨政軍經歷豐富。

民國五十七年政校畢業，分發陸軍裝甲部隊擔任少尉排長。五十八年任中尉輔導長。公餘寒窗苦讀，終於考上特考軍法官。

民國六十二年先分發澎湖海軍馬公軍區司令部擔任軍法組書記官，半年後調回台北海軍總部軍法處。

民國六十三年派任海軍陸戰隊軍法官，六十四年調海軍烏坵守備區擔任軍事檢察官，兼辦戰地司法官，並回政工幹校法律系高級班受訓。

六十五年調左營海軍陸戰隊司令部軍法組佔中校審判官缺。六十七年退伍，計獲忠勤勛章，功獎三十多次。

七十年競選嘉義縣第十屆縣議員，高票當選因表現特優，七十三年奉調中國國民黨澎湖縣黨部書記，時僅三十七歲，當時是全國最年輕也是第一位由縣級民代轉任縣黨部書記。同時創辦嘉義縣第一份社區報紙「諸羅周刊」、「捷利雜誌」及「原墾雜誌」，出版「寺廟風雲錄」、「怪力亂神」、「祭祀公業與公地放領」、「孫氏族譜」等書。

民國七十二年區域立委選舉，國民黨舉辦黨內初選。國防部、退輔會全力輔導，嘉義縣市決定提名二位參選。經民調及幹部評鑑結果顯示排名，第一位是社工會主任蕭天讚，第二位是孫義村，第三位是陳適庸。而蕭因長期未經營基層，為了爭法務部長，不能輸掉立委，又惟恐基本鐵票投向孫義村，乃央請組工會主任梁孝煌、黃復興黨部書記長黃威、省黨部主委宋時選力勸本人退出，以便讓第三名的陳適庸參選。為此，本人只得忍痛退出。之後，時任國民黨的中央黨部祕書長蔣彥士、梁主任、宋主委、黃威書記長等都公開表揚我，認為孫義村這位年輕人，能為大局著想，而忍讓退出實不簡單，且還不要錢，他們都要帶我走一段路。

未料，當戒嚴末期，台灣政治大地震，老校長王昇下台，國民黨內部極力排斥軍方及政工轉任，我也被掃到「風颱尾」。擔任縣黨部書記的我，不久到陽明山莊革命實踐研究院結訓後，服務不到一年，就辭職返鄉營商。

二〇〇〇年總統大選，我擔任陳水扁競選總統嘉義縣執行總幹事。民國九十一年擔任嘉義縣政府聯合服務中心主任、秘書，九十四年至一百年分別擔任大埔、義竹及溪口鄉戶政所主任。民國一百年退休，續原墾資訊社，專辦族譜，從事寫作。

我這一生最感恩的是：老校長王昇上將、梁孝煌主任、黃威書記長、入伍排長王耀華的一路提攜。如今年近古稀才深切體會老校長所常說：復興崗的學生身體都很健康，思想純正。

最後，概略引介我的家庭成員。愛妻郭美濃，民國三十八年生，國立嘉義女中、台灣師範大學畢業，任嘉義縣立溪口國中英文教師三十二年。育有三子，長子健怡，國立中興大學經濟系畢業，現任職陽信銀行嘉義分行。次子健和，國防管理學院畢業，曾任上尉經理官，現任職陽信銀行桃園分行。三子健杭，國立嘉義大學畢業，現服務於大林慈濟醫院。

附記：義村同學這篇自傳原稿經秘書長重新打字完成，除訂正少許文字，也稍加潤飾，倘有不當處還請義村同學提示更正。

憶往

新聞系　張海光

從復興崗畢業分發到各自服務單位，好像沒經過一連串的歡送會，也沒有流淚難分難捨的場面，甚至相隔不久後經過校門口，竟然堂堂母校畢業生進不了校門？！？！！悵然之際，才意識到臍帶已切斷，去面對你該面對的場域吧！

女生服役多半派在高司。我在後勤供應司令部精勤報工作了將近四年，當四年期滿，適逢外子外放到關島當副領事，我嫁雞隨雞就退伍隨他赴任了。關島是個不生產作物的小島，什麼都靠進口很是昂貴，月薪扣掉出國前的置裝費、當地房租和汽車貸款就剩不到一百美元，而一顆大白菜就要兩三美元，所以公婆每月都要接濟我們，後來因為婆婆割除腫瘤直到出院才寫信讓我們知道，加上公公身體也出問題，所以外子不忍就請調回部辦事，回來才一年多公公竟然過世。

我再出來工作時，是在父親廈大多位老同學們聚集主事的產險公司管人事，當時連同異動頻繁的展業同仁在內，全省有五百多員工，而人事人員只我一個，經理管決策，其他都我來，不過受過軍校文武合一教育的人，應付這種場面只要肯負責願吃苦，是綽綽有餘的。當時秘書室除了我管人事外，只有一人管總務，一人管文書檔案，堪稱用人極為精簡。由於私人公司薪津保密，當時也沒有電腦作業，每天電梯上上下下親送資料真是跑斷腿，而且，展業人員和工讀小弟異動特繁，公司是有頭有臉的公司，為使所有外勤人員萬一發生意外時能有傷殘撫卹，我一天都不敢耽誤地立即簽核薪水和申報勞保與團保，四年在如火如荼中過得特別快。四年後我離開公司，原因其實是一點小誤會，事後想來實在微不足道，只不知當時為何那麼任性！

離開職場時我向母親說：「我要工作就會有工作，不過我先休息休息」。想想那時環境真不像今日這樣年青人畢業就是失業，好可憐的！接著的工作是考到製鞋工業同業公會業務組擔任幹事，當時會員鞋廠有二千多家，鞋類出口為國家掙進不少外匯，業者爭取出口配額、搶接 OEM 訂單，真是一片榮景，全國各公會經授權自辦出口配額業務的，只有紡拓會和我們，每天櫃台核章的敲擊聲像流水般，跑件的小弟們也是一波波進進出出好不熱鬧，台灣成為中低價鞋業王國名揚國際（義大利則是設計高價鞋）。由於斯時國與國的貿易談判常常是由業界對業界的方式打前鋒，所以公會參與的層面也是義無反顧地站在第一線；當然政府相關單位還是在背後全力支持和督導的。由於鞋業上中下游相關的東西很多，所以在公會的十年裡，我學習了很多東西，中間曾有幾年擔任月刊的主編，雖只有二人作業，但因為是我新聞本行，所以如魚得水，不計較薪給多寡，不計較頻頻加班，直到家庭快革命了，才下任回家和先生一起作貿易，不過一行有一行的竅門，後來還是罷手收攤。

休息兩年，我開了兩次刀，摘除了頸部的肌肉瘤，子宮肌瘤，身體辛苦了四五十年難免需要整修，這些肌瘤，醫生都認為可割也可不割，但我是軍人，半分鐘都不考慮就決定割掉！

後來，有一天，看到榮光周刊在徵人，我就挖出乙等特考的證書去應徵。開始我十五年的公務員生涯，在退輔會十五年期間，說實在，公僕依法行政的事是沒有什麼可興奮的，同時我個人因緣際會滾石不生苔，很晚才進公務體系，所以只能在中階服務，沒有機會晉升高階多作歷鍊和建樹，倒是有很多感恩的事情——小時候以為貴人是金光閃閃的人，其實外表也只是普通人，但他們的教導、風範、提攜，關愛，提點，幫忙，是我每想起就要在心中祝禱他們平安幸福的。同時，在這一階段裡我有了信仰生活，使我靈命更安定而滿足！如今，我已退休快八年了，我不知我這輩子有沒有當過誰的貴人或天使？但我希望我能在有生之年多做點好事，俗語說「勿以善小而不為」，像今天我收到一篇網訊說：「晚三秒鐘關門，有時能給門外的人多一分尊重」這當然很容易做到；去欣賞表演時，多給點掌聲，對表演者會是很大的鼓勵；打起精神把自己收拾得整潔利落點，讓家人覺得氣象一新；或者，行經窄路，側身讓道給匆忙的先生小姐⋯⋯。

老年了，喝杯咖啡回味往昔是不錯的節目，相片不要只照不欣賞，整理一下，淘汰一些；唱 KOK 跳 tango 是還能常進行的節目，彈電子琴也蠻有趣，當然電視電腦佔我很多時間，有時還是要換花樣去走走路，除了血壓高、膝腿有點限制外，我大致都還OK。醫生說：妳不要管那些數字，自己覺得舒服最重要！醫生說的要記得！老了嘛，聽話也是讓晚輩比較不傷筋的好德行呢！

回頭看這一生

——漂泊與選擇

政三　王榮川

軍旅前的漂泊

在動筆寫本文時，腦裡浮現潘越雲主唱《桂花巷》台語主題曲的片段：

想我一生的運命　親像風吹打斷線隨風浮沈沒依偎　這山飄浪過彼山⋯
恩怨如煙皆當散　禍福當作天註定，往事何必越頭看　把他當作夢一般
啊⋯⋯把他當作夢一般

的確，往事如煙，是非成敗應已蓋棺論定。再回頭已百年身。

雖然，我這一生不似龍應台在大江大海一書所記述的顛沛流離那一群，但心境卻類似。因為受環境——大環境：時局與小環境：家境影響，從出生到高中都是在漂泊渡過：一九四四年八月我在廈門出生時，有一日正逢美軍轟炸我家住處附近，時任當地刑警的父親正在廈門公園巡行時，聽到此惡訊趕回住處

時，沿路只見街道滿目滄夷，屍首處處；有的還鮮血淋淋掛在電線桿上。當父親心驚肉跳的趕回自宅二樓時，在灰塵迷茫中，看見我安全無恙躺在保母懷中，才露出釋懷的笑容。

次年二戰結束，日本無條件投降，也是父親命運急轉直下的開始；國民政府接收廈門時，父親因屬台人為日本公職，被編入國軍別動隊（若廈門當地人立即扣押），而我們家人：母親、外婆、兩位阿姨及小舅通通搭美艦遣送回台。由於我當時染麻疹，若被美軍發現恐被留下不能返台，使家人緊張萬分。剛好我因出生時父親曾祈求觀世音認養，年輕的母親（20歲）在情急之下，只得向觀音菩薩禱告，幸好通過美軍檢驗，當時相信係菩薩保佑。我雖非虔誠佛教徒，但至今我仍每日清晨禮拜這尊從廈門飄洋過海的瓷製觀音；祂從我客家的阿婆傳到父親，現在供奉我家神桌上。

台灣的光復對父親那一代人卻是另類折騰；當時島內的公職大多被漂流過海的族群所攘括，加上父親「忠臣不事二主」的思維，寧可燒毀證書也不再幹警職。此後我們一家隨著他過著南北漂盪的生活。在模糊的記憶中，我的童年在屏東的竹田鄉王家與台北的萬華洪家幾度飄移。而在萬華洪宅（現被列為三級古蹟）居住環境龍蛇雜處，父親忙於討生活，恐幼年的我疏於管教變為小流氓，就趁我受傷回屏東療傷時，讓我留在故鄉接受阿婆的教養。由於在萬華時期的頑劣習性一時難以改變，當時在小學時還被同學封稱「台北鱸鰻頭」。幸在客家阿婆嚴厲管教下（只要犯錯，當天晚上睡覺前阿婆一定以竹枝抽打數罪，我也必須等受懲戒後才敢安心入夢）我逐漸「改邪歸正」。此後就在屏東從小學四年級起念到高中畢業。而在畢業前發生最令我傷心的事，是我阿婆在佳冬鄉的超聖堂（阿婆帶髮出家）過世，當時看著老人家臨終還關心我的生活，使我難過得一度萌生就此脫離塵世出家的念頭。

選擇與磨練

有時親友會問我當年投考軍校的動機，會讓我想起美國前總統艾森豪向人談起當年投考西點軍校的動機：我欣賞西點軍校的橄欖球隊。而我在讀高中時從來也沒想過要當軍人；如果當時有此抱負，以我當時的條件應可保送，直接保送進入軍校。會選擇此一途徑，即因回台北父母家時，家境並不佳，且因非職校畢業，謀職困難，自己又是家中八個子女的老大，我算過如果自己自修備考頂多上私立大專，也負擔不起高額的學費。但我始終還是想升學。

後來會選擇復興崗的政工幹部學校的原因有二：一、從萬華到北投火車直接可抵達。二、學校的名稱讓我以為與三軍官校的學生不同。就後者言，當報到後發現要穿軍服就有「走錯路」的感覺，而在入伍預備週的休息時，一面磨銅製皮帶環，一面看有經不起「煎熬」的同學換便服背行李離校，與同學交談時，自己也天人交戰起來；因為在預備週期間如自覺不適應，可以退訓走人，不必賠償學費。幸好當晚入伍生連長的一席話讓我定下心。他講得不是什麼從軍報國的大道理，只針對現實環境指出，選擇讀軍校也是人生一條途徑：既可免費讀大學，畢業後也沒就業的問題。他以搭火車到台北比喻：讀文學校（指普通大學）如同搭觀光號火車，讀軍校如坐普通車，都可抵達目的地，只是快慢不同而已。

但到正式入伍期間，卻又面臨身心的磨練，也差點動搖自己的心志。可能自己學習身體動作反應能力較差，常被教育班長處罰；有時被罰圍著復興崗的民族正氣碑跑幾圈。當時校外正是學生暑假，有坐在台階的眷村女生就幫我數：一圈、兩圈、三圈…。有時被罰揹槍匍匐前進。記得有一次被罰匍匐前進時，在身心交疲下；尤其自尊心的促動下，使自己想抗命不幹了，就趴在中正堂前的廣場前不動。這時本連的副連長走近並俯身激勵：你要忍耐過這一關，等開學就好了。當時我才含淚點頭撐起身體繼續匍匐前進…。直到今天我感念那位副連長；他算我生命的另類貴人。

入伍結束進大學部卻被安排讀政治學系，與我個性及興趣不合；因為我從小就喜文學，從小學到高中每次作文比賽大多得獎，高中時還擔任校刊主編；甚至在未進復興崗前一年的浪蕩歲月，自己還靠投稿賺些零用。畢業到外島金門擔任排長時，面對孤寂的碉堡，創作投稿不但能慰籍自己，也讓親友認知我的存在。我當年的國文老師（資深國大鍾國珍）勸我轉新聞系，但沒轉成。所以當時在別無選擇下念政治系，之後也在別無選擇下念政治研究所，更沒想到的是：政治相關的教學與研究，竟成為我後半生的志業——從政戰學院到三軍大學、國防大學。

結尾：感恩

如今回首看這一生若自己的小小成果，除了自己的努力與堅持外，人生旅程中出現的親友、師長、同儕…都是貴人；而其中國家應是我最大的貴人。沒有國家資源的栽培，一個浪蕩隔代教養的孩子怎可能成為日後的教授？除了感恩我還能說什麼？

走筆至此，耳邊響起常令我感動的《酒幹倘賣無》的歌詞：「沒有天哪有地，沒有地哪有家，沒有家哪有你，沒有你哪有我，假如你不曾養育我，給我溫暖的生活，假如你不曾保護我，我的命運將會是什麼？」

羅勝雄簡介

政三　羅勝雄

嘉義人

一九六八年政戰學校政治系畢業。

一九七五年國防語文中心俄文班第八期畢業。

一九九五年至一九九六年復興廣播電台總台長。

一九九二年至一九九七年，中共研究雜誌社派駐俄羅斯科學院東方研究所學術交流代表。

一九九五年俄羅斯普希金學院俄國語文學碩士。

一九九六年九月三十日結束軍旅生涯退休。

一九九八年至二〇〇五年中華歐亞基金會研究員。

二〇〇六年中國文化大學文學博士畢業。

二〇〇六年至二〇一一年，佛光大學及清雲科大擔任助理教授。

玫瑰人生

——該你多少在前世如何還得清……

音樂系　邱麗霞

嬉將第一屆軍事學校聯合招生考試，當成復習模凝考，考得很愉快開心，還很自得的告訴家人，題目好簡單一定很高分。

當時我的志願是想考取師大夜間部，以半工半讀的方式完成學業，並把『老師』當成志業，我是如此計畫著的；時間在準備考試中，辛苦認真的度過。

有一天，有一群穿軍服的人員，來到我家，我正奇怪時，只聽到父親說；請坐！請問來到寒舍，有何貴事？原來是因為考試成績優異，聯招會委員率學長姐來我家說項，希望我能到復興崗報到；因從未想過要去讀軍校，一時之間一點想法也沒有，腦中一片空白，此時，聽到父親斬釘截鐵的說：女孩子家讀什麼軍校，我吃了一輩子的苦就夠了，我不准她去讀軍校。都沒有問問我有沒有什麼意見，就這樣斷然拒絕的口吻，重重刺激到了我的叛逆神經，於是，我來了！

這許多衷曲這許多愁緒為了償還你
化作紅艷的玫瑰多刺且多情
開在荊棘裡……

在學校求學過程中，我從政治系轉進絲毫沒有基礎的音樂系，著實花了不少的功夫，追趕進度和加強基本功課，當時只憑著對音樂的興趣，推動著我努力地向前，現在回想起來還滿佩服我當年的這份勇氣，正所謂的初生之犢吧；在這裡我除了習得了音樂的各項知識、常識、技術、技巧之外，我更學到了細心、用心、耐心、恆心，因為要把一首曲子練好，幾分音符幾拍、幾分休止符停留幾拍一點都馬虎不得的，經由歲月的洗禮而成為了習慣，有時不知情的人，常會問我說妳是處女座的嗎？

你又是該我什麼？在某一段前世裡
一份牽記一分憐惜
所以今世裡不停的尋尋覓覓
於是萍水相遇於是離散又重聚……

畢業後，在空軍防砲司令部服務了三年半，進入教育界工作，金甌高女、世新大學、國光藝校、大漢國中、政大學生輔導中心……，也利用寒暑假時間進修，政大英語系、政大教育研究所等，在大漢國中服務時，因家中發生巨叵，毅然決然於九十四年辦理退休，告別了我的工作生涯！

我心盼望讓濃情一段隨時光流遠再回到開始
我心盼望讓前世情緣沿至地老天荒到無數的來世

我的退休生活真可謂多姿多采，因為我不停的在學習著，只要是我喜歡的、我有興趣的、我愛的，我都去學諸如電腦影片製作、動畫、排舞、簡易氣功、國畫、書法、讀書會心得分享、唱歌、國標舞、到世界各地去旅遊，增長見聞…………真是充實忙碌又快活！

莫忘記就算在冷暗的谷底
只要你將該我的還給我
我也以最炙熱的還給你
此情不渝……

金國樑小傳

政三　金國樑

我是民國三十五年農曆七月出生於漢口市。一歲多時，先父穿著戎裝與家母把我放在黃花崗七十二烈士墓祭台上留影。幼小的心靈，從此種下踏著先烈的血跡，勇往直前的抱負。

家父早年隨著胡長青將軍抗日剿匪。高中參觀陸軍官校，目睹胡將軍殉國的史蹟，決心以報考黃埔為第一志願。後因家父（來台已轉任黨工）從「戰地政務班」講習回來，以幹校「學生生涯規劃寬廣，爾後至少可以當縣長」為由，極力主張我進入政工幹校就讀。這一個人生轉折，讓我與復興崗十四期同學，結下了半世紀的情緣。

小學時代，因屬非員工。一年級就以考試方式（每一年級只有兩班，一班三十人左右，非員工只收兩至三名）進入台糖新營總廠的「公誠代用國民學校」就讀。從此有幸接受王漢國岳母大人洪守範老師的諄諄教誨，並與五年級轉來的傅一秀同窗。

初中考進省立新營中學，三年後再考高中部。與佟光、傅一秀（初中讀他校）兩位優秀的花木蘭同學。

入伍訓練與復興崗四年文武教育，跟同學們留下了相同美好的記憶。個人比較特殊的回憶，一是三年級暑訓跳傘。我已被發布完訓後，擔任學生第六連自治連長。傘訓時，右腳大拇趾趾甲縫發炎，甚至是膿血外流，疼痛無比。每天清晨的五千公尺跑步，咬牙硬撐。晚上洗澡後，自己清理膿血一片的紗布，更是狼藉不堪。教官要我退訓，堅持不肯。當四年級自治幹部，左胸沒有銅質傘徽，如何抬得起頭來？！如此三週的傘訓，留下了血淚深刻的印象。回家就醫時，新營黃外科醫師，大罵不知死活，如果感染，小命休矣，還當甚麼鳥傘兵？

二是四年級上學期擔任自治連連長，正逢校長羅揚鞭中將雷厲風行，推廣器械操。單槓引體向上、木馬併腿跳、爬竿等課目都沒問題。惟獨「單槓正面上」，需要一些技巧，卻始終得不到要領。我身為連長，自己上不去，也沒臉要求學弟。每天晚點名後，在副連長曾邦輔，輔導長施子中協助指導下，兩隻包了紗布滲著血跡的雙手，抓著單槓，不知擺動了千百回。皇天不負苦心人，終於在第九週上去了。我在晚點名，正式下達嚴厲的禁足令。凡「單槓正面上」

上不去的同學，週日禁足，連長親自擔任教練，直到上去為止。後來，當連輔導長時，防砲部隊也有器械操訓練課目。我適時的在官兵面前露一手，贏得大家衷心的佩服，實乃意外的收穫。

民國五十七年，沒有如我的志願分發陸軍。而是被派到心目中，最不屑一顧的公子哥兒空軍。經向班主任陳上校陳請重新分發，未獲允准。我們二十位男同學搭乘C-47專機，抵達一片荒蕪的花蓮機場，進入防空學校接受二十五週的初級班教育。憑著這裡的專業訓練，充任排長職務，綽綽有餘。我與萬道德同學，復於民國六十一年由連輔導長轉任連長。由於我們的突出表現，開啓了防砲後期學弟，被各級長官爭相延攬，轉任帶兵官的風潮。道德兄更破天荒的循軍事路線，晉升至防砲團團長職位，為我們十四期同學爭取了莫大的榮譽。另外我與劉剛同學，在花蓮都找到了自己的終身伴侶，也是一段佳話。

我在空軍防砲基層部隊，循經管規定，歷練了排長、連輔導長、連長、營輔導長職務。雖是「公子哥兒」的空軍，卻先後駐防烏坵（當時駐防主力部隊是反共救國軍，而非後來的海軍陸戰隊）、東犬（爾後的東莒）、金門等戰地，接受砲火的洗禮。營輔導長歷練期滿，經參謀考試，進入空軍總部任幕僚職。後來，也因空總任職的經歷，得以獲選在總政戰部歷練幕僚與副處長職務，合計長達五年餘。此期間交織歷練團級處長、聯隊級主任、司令部級主任，總部副主任。一般多以「錢多事少離家近」或「輕鬆上下班」」來揶揄空軍的經管制度。自忖在各階層歷練的主隊職職務，沒有一個是在自己家門口，尚能符合長官勗勉的「以軍作家」。但那還真得感謝我們家，那一位精心為我營造「無後顧之憂」的賢內助。民國八十八年，考量國軍精減幅度大，情願放棄向上晉升機會，留給後期學弟發展空間，自請提前退役，轉到民間公司任職。

服務軍職時間，長達三十一年（不計學校生活四年）。比較特殊的經歷如下：

一、防砲連長：（任期兩年一個月）

防砲連級單位編制約一百三十人。麻雀雖小，五臟俱全。我任職的40砲連，八槍八砲分散駐防，十六個分遣單位，特須靈活組織運用。連長編階雖僅少校，卻能充分發揮自己的意志，決定全連大小事務。就政戰軍官而言，的確是一個難得的經歷。尤其是，當時年僅廿六歲，卻能把四十多位歷經風霜的老士官，帶得有模有樣，連我的老團長（軍校十九期）都嘖嘖稱奇。

二、大漠特遣隊行政長（輔導長）：（任期一年）

民國六十九年二月，我在防砲七團政戰處長任職期間，奉總部令調大漠特遣隊，（任務編組單位，寄缺總部政戰部政戰參謀官）前往中東的北葉門任職。當時此一任務，機密等級很高，內人只知道我在倉促間被派出國，但不知道是去那裡。

我個人因部隊處長歷練中斷，又無指參學資，對此一調動，頗不以為然。更因時間急迫，當時連春節假期都無法補休，算是打鴨子上架。

當年北葉門與南葉門分治。我們是應沙烏地阿拉伯王國之請，以沙國空軍身分（穿沙國空軍制服，配戴沙國空軍軍階）支援北葉門F-5E中隊戰機維護工作。北葉門部落之間戰火，從未歇止。部落酋長甚至擁有對空薩姆飛彈。漫漫長夜，砲火打紅了半邊天，緊張情況遠遠超過「單打雙不打」（砲宣彈）的金門、馬祖。再加上兩伊戰爭開火，北葉門又與中共有正式外交關係。我負責特遣隊的安全與官兵心理輔導，任務的艱巨可想而知。

我被勉強前往擔任此一項任務，頭一次接觸飛行部隊。一年的任期，享受與沙國軍官相同的待遇。因與部隊長合作無間，破天荒的榮獲總司令烏上將親自頒勳，並與隊長黃中校（飛行官科）雙雙當選民國七十年戰鬥立功國軍英雄。空總另專案呈報國防部，因任務需要，特准團處長與特遣隊行政長職務合併計資。這些完全都是意料之外的驚喜。

三、總政戰部第一處副處長：（任期前後合計四年）

民國七十二年五月，我由空總上校專員調任總政戰部第一處政戰參謀官，主管重要軍職業務。經年餘即以參謀官，違反經管原則，直接接任退伍轉業的副處長職務。（依政戰軍官經管原則，總政戰部副處長必須師級主任歷練期滿，始得調任。且該職缺，依編裝表係屬陸軍政戰官科。）當時總政戰部副處長，青一色都是五期大學長擔任。期別相差太過懸殊，心理壓力不言可喻。後於七十四年七月，回空軍歷練聯隊級主任職務。兩年之後又調回總政戰部第一處，重操舊業。此時，各處副處長已經都是我們同學。

副處長任職期間，因業務關係，有幸看見同學們，紛紛脫穎而出，調佔高階職缺。真是生平一大快慰。

四、空軍飛行部隊基地訓練指揮部政戰部主任：（任期兩年）

這是民國七十四年七月新成立的「飛行戰力」與後勤「支援能量」考訓、鑑測單位。（性質與陸軍考指部有些類似）我從總政戰部第一次副處長職務，前往任職，是首任政戰部主任。本部草創時期，深受郝柏村總長重視。他親臨視導，並通令三軍師級以上單位主官，分梯次前來觀摩。指揮部無參謀長編制，所有參訪簡報，均由本人負責綜整。兩年任期，空軍五個主力戰鬥機聯隊，輪流解除戰備，前來本部接受三個月的基地訓練。政戰軍官在飛行部隊，因生活環境不同（各自有空、地勤餐廳，空、地勤俱樂部），與飛行幹部只有工作關係，難得有私人情誼。在基訓部，我身為督導單位主任，經常偕同指揮官、副指揮官（均為飛行官科）在凌晨參與飛行員任務提示，視導停機線機工長三百六十度檢查。下午毫不在意自己笨拙的球技，跟飛行員捉對打羽毛球、小白球。旨在運動，自娛娛人。我願意跟他們喝咖啡交朋友，他們自然也樂於跟我接近。此期間，很難得的，一次就與五個作戰部隊主要幹部，建立了自然而深厚的情誼。（當時參訓部隊的聯隊長、大隊長、中隊長，後來多晉升中、少將，擔任空軍重要主官。其中甚至晉升上將三員《黃顯榮、王漢寧、金乃傑》）對爾後我在空軍繼續服務的十餘年，無形中增添許多助益。

五、航發中心政戰部主任：(任期三年)

民國八十二年九月，奉國防部令，由空軍作戰司令部主任調任中山科學研究院政戰部副主任兼航發中心政戰部主任。名銜很長，實際長駐航發中心工作。深受中心主任林文禮上將（曾任空軍總司令及總統府參軍長）器重，甚至將中心副主任（中將）督導的計畫組（等同各總部的作戰署、計畫署）、主計組、行政組業務劃歸我督導。他多次在公開場合，讚許「金主任是最不像政戰的政戰」。我被航發老員工視為有史以來，權力最大的政戰部主任。當時經國號戰機已經進入量產。中心改制工作，也從研商階段，進入立法時程。五千多位員工因改制在即，年資結算涉及個人權益，各黨各派立委紛紛介入，積極與國防部磋商。加上中科院爆發，被國稅局追補「科技加給」的五年稅金。我必須在不影響戰機生產進度原則下，輔導員工循正式管道，爭取權益。各生產單位從二月間，私下不斷推出怠工、地下文宣等各種組織性抗爭活動。民國八十五年四月十六日，中心員工正式集結，以九十幾輛巴士，三千多人（含岡山十輛）前往立法院陳情抗議。創下軍事單位，最大規模的陳情抗議記錄。我躬逢其盛，事前的疏通，與廠庫安全維護，備嘗艱辛。事後，立法院將漢翔公司從原隸屬國防部變更為隸屬經濟部。林文禮上將原定轉任漢翔公司董事長，在員工陳情抗議當天提出辭呈。我按原訂計畫，中心改制時，回任空軍總部政戰部副主任。

回憶此三年，是我軍旅生涯中最特殊的經歷。這是一個研發生產單位，非軍職的員工比例高達八、九成，博士、碩士成群。與我過去工作的部隊類型，截然不同。在林上將充分授權下，加上過去任職國防部、空軍總部，多年累積的協調關係，替中心解決不少疑難雜症，終於獲得這些自視甚高科技將領的認同。軍事單位轉換成自負盈虧的國營公司，就像是金蟬脫殼般的蛻變。人事制度建立、公司章法彙整，千頭萬緒，全都是我督導計畫組、行政組的業務。見到中心如期轉型成功，不免有少許的成就感。此外，凌晨四點鐘，在台中中清路，看著員工編組井然有序（以帽子顏色編組車次），登上遊覽車，浩浩蕩蕩進入高速公路，前往台北陳情。身為他們的「褓母」，內心別有一番無法形容的特殊滋味。

九十二年從民間公司離職，踏入「中油」公司（終日遊蕩），歡歡喜喜作一個真正可以「看自己想看的書，做自己想做的事。」瀟灑的全職退休人。

民國一百年，小犬夫妻倆生了一位虎女，總算熬得一個嚮往已久的「爺爺」

頭銜。（小女結婚十餘年，打定主意不生孩子）我們夫妻倆從這個小寶貝出生，心甘情願作她的「內傭」。興許是自己的孩子，都是奶奶帶大。現在自己帶小孫女，完全是補償回饋心理。我家的小女兒卻並不認同，一直抱怨「爸爸補償得太過分了」。年屆七旬，帶稚齡孫女，實在辛苦，內心卻是甘之如飴。

後記：復興崗的同學，與官校學生不同。步出學校大門之後，遍佈陸、海、空、勤、警、憲，甚至黨、政、藝文界各個角落。各有各的境遇，和不同的歷練。如今大家都已是垂暮之年，在入伍五十週年紀念，這個特殊的日子，寫出來共同分享，的確是一個很有意義的活動。小弟「事與願違」的進入空軍三十載，不憚自己才疏學淺，也不顧「談當年勇」之嫌，謹就同學們較為陌生的空軍特殊經歷，簡述如上，敬請指正。

我們這一班

——切磋琢磨四年人人優秀

新聞系　劉建鷗

民國五十三年九月，我們這一班，來自台灣各角落，有緣相聚於復興崗，切磋琢磨四年，我們一起誦讀經書，涵詠悠久的文化，接受古聖先賢的感召；我們一起熟讀史書，洞悉「以史為鏡，可知興替，以人為鏡，可明得失」的古訓；我們一起研讀哲學，啓迪思考方式，訓練邏輯推演；我們一起精讀專業學科，培養各種專精技能，體認國家賦予的使命。同學們人人優秀，個個傑出，敘述於后：

王堡麗同學博覽群書，治學嚴謹，尤其精研中國哲學思想，相關著作非常豐富。她是母校第一位女性革命理論系主任，甄陶作育數十年，為國軍培育無數人才，成效斐然。

王瑞甡同學短小精悍，個性隨和，曾任職金馬前線光華電台台長，認真負責，成果輝煌，並為維護國家安全，奉獻一生，令人動容。

史雲生同學，彬彬有禮，學養俱佳，曾任職國防部主計局重要職務，盡忠職守，政績斐然。長期擔任苗栗縣社會局家扶中心志工，不但照顧老人，而且還認養許多孤兒，協助單親家庭。發揮「老吾老以及人之老，幼吾幼以及人之幼」的精神，令人敬佩。

李山栗同學文質彬彬，熱心助人，於軍中新聞單位服務多年，曾任澎湖建國日報副社長，華視駐澎湖特派員，馬祖日報總編輯，文筆流利，閱歷豐富，是位新聞尖兵。

李德嫻同學熱心公益，保育推手，服務於聯勤總部時，榮獲新聞採訪報導獎，是國軍第一位女性總編輯；任職台北市政府動物園，策劃成立第一個動物園志工團隊，也是迎接「團團圓圓」熊貓的重要推手；此外，並是台北市中山堂管理所第一位女性主任，敬業樂群，又成立銀髮族「重相逢合唱團」經常公益表演，深受好評，她橫跨各種領域，締造許多的「第一」，是本班的光榮與驕傲。

李繼孔同學幽默風趣，自愛自重。曾任職軍聞社與華視新聞部。右手執筆撰寫小說，左手握麥克風採訪報導，文筆流暢詼諧，行文處處是笑點，著作等身。榮獲中興文藝獎，海軍小說獎與廣播金鐘獎。叱吒於新聞界，也風雲於藝文界。其夫人周培瑛女士，也是知名女作家，夫唱婦隨，伉儷情深，令人欽羨！

周貴森同學口齒清晰，音色優美。曾任職高雄軍中電台，主持節目技巧純熟，深受聽友喜愛，榮獲國防部廣播獎。自軍中退伍後，精通歧黃，專研氣功，允文允武，成為氣功大師。旅居美國期間，救人濟世，造福人群。

張家寶同學採訪新聞，獨具慧眼。曾任職軍聞社，剖析問題，文清筆順，言之成理。其所撰文均刊登各報頭版頭條，成為獨家新聞。並榮獲國防部聯合採訪中心新聞報導獎。平日待人講義氣，接物重誠信；曾赴美國深造，返國後任職欣湖瓦斯公司高級主管，精通行銷策略，績效卓著。

張海光同學待人謙和，氣質高雅。任職台灣鞋業工會，奔走海外，任勞任怨，拓展國際貿易，功不可沒。也曾任職退輔會，服務海內外榮民，不遺餘力。其夫婿陸大勇老師，是本系傑出系友，曾任職外交部，推動僑務，增進國民外交，成效斐然。

張鍾樕同學，自軍中退伍後，曾任職華視新聞部及華視相關事業單位，能言善道，分析問題，精闢獨到。尤其從事投資事業，遍及大江南北，縱橫商場數十年，叱吒國際貿易於一時，成為理財達人。

梁立凱同學，品德至上，學業第一，右手執筆寫文稿，左手握筆畫插圖。

能採訪、能寫作、能畫畫、能編輯、是位才華洋溢的新聞尖兵。曾赴美國與法國深造，精通多種語言，也是語言學家。曾任職青年日報重要職務，報導軍聞，堪稱一流。

陳昆榮同學沉默寡言，行事低調。曾任職外商銀行高級主管，嫻熟金融財務，理財自成一格。長期旅居紐西蘭，育有一子一女，各有成就，家庭生活，和樂融融。尤其在僑居地照顧華人子弟，不遺餘力，推動海外僑務，功不可沒。

黃光勳同學嚴以律己，寬以待人，曾赴美國深造，也旅居泰國與沙烏地阿拉伯，精通多種語言，真正達到，「讀萬卷書，行萬里路」之境地。尤其行事謙沖自牧，穩重練達，擅於折衝尊俎，增進國民外交，政績彪炳。

黃樹雲同學平日誠誠懇懇待人，兢兢業業工作。勤於筆耕，文筆洗鍊，大作經常刊登於各報章雜誌。曾任職史政編譯局重要職務，編撰史料以事繫日，以日繫月，以月繫時，以時繫年，雕章琢句，思慮縝密，貢獻良多。

劉貴英同學精研哲理的深邃，長於邏輯的推演。曾任職中興國中教育行政主管，教壇懋績，惠及學生。目前仍勤於筆耕，下筆千言，是大紀元時報的無冕之后。其夫婿吳明考將軍，也是本期政治系傑出校友，服務黨政軍各界，文武兼資智仁勇，功績建樹傳後世。

劉應章同學輕聲細語，溫柔婉約，曾服務軍訓界，有為有守，春風化雨數十年，深受學生敬重。其夫婿楊浩博士，學貫中西，博通古今，興趣廣泛，是位知名的集郵專家。應章因教子有方，個個出類拔萃，尤其幼子楊世光先生更是家喻戶曉的財經專家。

蔡享民同學敬業樂群，樂觀進取。曾赴政治大學與美國進修，中英文學養俱佳。任職榮工處期間曾派駐沙烏地阿拉伯服務，擅於協調溝通，為增進國民外交，奉獻心力，建樹良多。育有二子，個個優秀。長子蔡德中先生是國立陽明大學附設醫院眼科主任；次子蔡捷中先生是美商食品公司技術總監，烘焙食品技藝超群，揚名國際。

鄭昌男同學學識基礎厚實，中英文學養俱佳。待人處世瀟灑自在，不拘小節，軍中退伍後，從事建築業，遍及海內外，成績相當可觀。

應仕冠同學，言談幽默風趣，舉止端莊優雅，曾任職大鵬劇校，為空軍培育藝術人才，受人敬重。其夫婿謝學勤生生是位傑出的工程師，曾派駐沙烏地阿拉伯，協助開墾拓荒，修路架橋，增進國民外交，貢獻匪淺。

魏徽琴同學，聰穎過人，處事精練。喜歡閱讀與寫作，筆調自然暢達，行文雋永深遠。加之口齒清晰，音色優美。曾任職中視公司，無論採訪報導，或撰文寫稿，或主持節目，或主播新聞，字字鏗鏘，句句有力。長期旅居加拿大，照顧僑胞不遺餘力，備受愛戴。

我們這一班，共有二十四位同學，自學校畢業後，在工作上相互扶持，在生活上相互鼓勵。無論服役軍中，或轉任公職，或從事教育，或經商貿易，或旅居海外，在人生的旅程中，均留下努力的足跡，一步一腳印，畫下美麗的句點。

目前我們時時刻刻懷念著張康邠、何宇琦與方子廉三位同學，祝福他們在天之靈，幸福快樂……其餘同學均已退休，或含飴弄孫，或靈修養性，或寄情山水，或養生保健，一切悠遊自在，一切怡然自得。

同窗・故友・歲痕

音樂系　張嵩懿

春去秋來，歲月如流，光景宛如昨……

一、同　窗：

（一）民國五十三年七月軍事院校聯招，十四期音樂系錄取者：夏繼曾、盧穎洲、林末次、黎俊雄、王夢龍、巫榮光、張永明、翁逸華、林密迦、計九員。

（二）入伍教育轉系者：楊興棟、郭長順、張嵩懿、計三員。

（三）第二學年由政治系轉系者：韋啓聰、邱麗霞、計兩員。同時郭長順轉讀專修學生班，經歷一年的適應及抉擇，十三位同學終於下定決心、朝夕相處、肝膽相照、齊聚一堂、精研學術，日子在歌聲、琴聲、讀書聲、歡笑聲中流逝……在綠崗四年圓滿完成了學業，也裝滿了一肚子的「豆芽菜」，但就在最後反共復國教育階段，逸華同學揮別了〈復興崗〉，懷著珍貴的友情，去實現自己擁有的幸福……同窗四載、情深潭水、唯有獻上誠摯的祝福……

二、故　友：

林末次：澎湖縣白沙鄉，生：民國三十三年一月二日，歿：民國八十五年三月廿九日，在嘉義縣水上鄉。

（一）沈默寡言、生活品味高、注重養生之道、享受人生的真、善、美、學生年代、薪餉微薄、必須量入為出，但他卻是福利社餐飲部常客。另則，當時同學沐浴、洗滌，用的是美琪、瑪莉、南僑肥皂～他用高級黑砂糖香皂及恩思達面乳來保養龍體、奮發向上、認真學術，假日同學跑台北找樂子，他卻上大屯山找創作靈感或留系練琴寫作、喜獨處、少與同學互動，有「獨行俠」乖兒子「封號」正因如此，他是班上學科比序1/12。

（二）畢業分發任官於陸軍步兵46師，五十八年十月一日例晉中尉，任職第一軍團司令部，爾後的晉陞，任職亦在軍團單位，據繼曾兄言：〈軍旅十年屆滿，無意願續留營，毅然申請退伍，時階級少校，退伍後參加教育單位音樂師資檢定合格，任職嘉義吳鳳商專音樂老師，在軍中及任教職期間，其創作作品，曾參加國防部文藝金像獎音樂類及教育單位歌曲徵選，多次獲獎〉。

盧穎州：祖籍：湖北省天門線。生：民國三十三年五月五日一河南開封。歿：民國九十七年八月二十日在台北市。

（一）是完美主義者。一切事物計畫到執行、深思熟慮，力求盡善盡美無缺點：為人擇善固執、樂於善待別人但個性剛烈、是非分明、遇事不順心或心中有疙瘩時，則藏於內不形於色、不怨天、不尤人、一切自己承擔。

（二）學校畢業分發空軍防砲部防砲連輔導長。六十二年十一月一日調藝術工作總隊政戰官、爾後歷任音樂官、隊長、副總隊長、總隊長（國光藝校校長）、國防部政五處副處長、國立台灣海洋大學總教官。八十五年九月十日榮退。

（三）任職藝術工作總隊，執行軍中音樂工作二十多年。充分發揮專業才能、成效卓著，特將平生創作暨獲獎項目簡述如下：

1. 一九六八年（毛澤東大毒蟲），一九七零年（風雨同舟一條心）．（勇士戰歌），榮獲國防部文藝金像獎音樂類戰鬥歌曲（佳作）。
2. 一九七五年（海獄春回），一九七七年（亡共復國歌）榮獲銅像獎。
3. 一九六九年（空軍組曲），榮獲空軍文藝金像獎音樂類銅鷹獎。
4. 一九六九年（中國青年進行曲），一九七五年（四季農家）。

5. 一九七七年〔慈湖〕大合唱，參加台灣教育廳歌曲徵選獲獎。
6. 一九七六年〔崇功報德——四部合唱〕，榮獲台北市教育局作曲獎。
7. 一九七六年〔中華兒女〕、〔睦鄰歌〕。
8. 一九七八年〔不怕風雨來吹襲〕、〔校一笑〕參加行政院新聞局優良歌曲徵選獲獎。
9. 一九七八年創作電視劇〔報國在今朝〕主題曲與楊震南等人合曲〔同心協力〕。
10. 一九七九年與孫樸生等人合曲〔青山翠谷〕。
11. 一九八〇年與夏繼曾、白玉光合曲〔秀姑巒溪畔〕，混聲四重唱〔熠熠光輝〕·三部合唱〔忠孝雙全〕。
12. 一九八七年〔軍人本色〕、〔攻擊精神〕。
13. 一九九〇年〔家和萬事興〕。
14. 一九九一年〔我們愛國旗〕榮獲國防部軍歌創作獎。
15. 一九九二年〔我們都是好兄弟〕、〔捍衛戰士〕、〔我們是中華民國憲兵〕。
16. 一九九四年〔中華軍威震四方〕榮獲國軍建軍六十年軍歌創作獎。

穎州兄在軍中二十多年，賣出不少「豆芽菜」，創作歌曲近四十首，對軍中音樂的推展，竭盡心力，他的犧牲奉獻，為十四期音樂系打出好品牌，更給後期學妹樹立了典範……恩！按個〔讚〕。

獨坐斗室：靜悄悄、晚風吟嘆，翻開同學錄，畫頁上你倆英挺微笑的面相，冰疑著亙久的友誼……知否故友。

註：盧穎州資料：韋啓聰提供——謝謝。

三、歲　痕：

歲月讓人的型體走了質、變了樣！髮白、頭禿、發福，全貼上的標籤，時光一逝永不回。往事只能回味……唱的、說的，一陣風無聲無息、一張焦黃的相片，卻是歲月真實的寫照，也是最美好的回憶。更是歲月的遺留的歷史見證，從學生、軍旅、家庭、社會不同環境。歷經青少年、中年、晚年不同歲月。唯〔相片〕記錄了刹那的永恆……個人照——炫，多人照——溫馨。多次相聚、多次歡與、無數回憶，各位摯友，珍惜你的彩色人生，讓美麗的畫面永植心田……記住！時鐘上面只有兩個字「現在」。

物換星移、人事已非、流逝歲月中，蒐集了幾張值得追憶的照片，供大家分享！

（一）學生時代——民國五十三年—五十七年，青春年華，人生是黑白的（黑白相片頁一～六）

（二）十周年——民國五十三年—六十三年（少尉——上尉）。燦爛年華、結婚、生子、養家、為誰辛苦為誰忙。（相片頁七、頁十一）

（三）二十周年——民國六十三年—七十三年（上尉——上校）。瑰異年華、如狼似虎、事業邁向巔峰、職位高升、責任重、經濟、生活環境逐漸改善、女人四十一枝花。（相片頁一二—一四）

（四）三十暨四十周年——民國七十三年—九十三年（上校——中將）。夕陽無限好、只是近黃昏、烏龜變鱔魚（解甲歸田——退伍）。一帶新人換舊人、世代接替、兒女結婚、成家立業、無職長假、陪老伴遊山玩水、享受人生。（相片頁十五—頁三十）

（五）五十周年——民國九十三年—一〇三年（爺爺、奶奶、阿公、阿嬤）家有一老如有一寶，是兒女靠山、非兒女的負擔、是孫子的專職保母、保鑣、司機……充分發揮邊際效用。（頁三一—三五）

人走過了一甲子該歡喜、古稀之年看病歷、耄耋之齡要笑嘻嘻——（等看農民曆〕人生幾何？空留歲月痕跡！

最後，告訴各位摯友「長壽」的秘訣——能永續〔呼吸〕即可長壽！！哈！

哈！……好冷——

笑談人生

政三 江鴻洲

一、難忘的童年

我出生彰化溪湖鎮務農之家，為江氏第二十七代派下，先祖由福建泉州渡台來墾荒。歷百年之耕耘後，在永靖、員林開闢農地百餘甲。

祖父育有六男三女，讀國小時，大家庭還共居食宿，在千餘坪的前、後三合院與堂兄弟姐妹們約五十餘人一起生活，真是熱鬧極了。在上學時，不管天寒地凍或烈日當空，大家光著腳走三里路去上學。放學回來得幫忙農務。民國四十六年祖父將產業分給父輩，當時物質缺乏，為張羅四子三女生計，日子相當辛苦。求學時受到教官、師長的鼓勵，我選擇進入幹校。那個年代要去當職業軍人，父母要忍受家族與親友異類的眼光和批評，雙親也捨不得我才十幾歲就離鄉背井，畢竟我可是他們心中的一塊肉呀！

二、復興崗上

在校四年，經過嚴格的訓練，有甘也有苦。記憶中因自己個頭小，又是鄉下來的，沒見過世面，但在很多同學的協助與學長們熱心的輔導下，儘管學業壓力重，軍事管理要求嚴，生活卻也蠻充實與多彩多姿的。雖然我讀書沒很好的成績，但沒有不良的習慣；在隊上師長的眼中我乖牌的一員，加上自己素以誠待人，且熱心服務，無論是在出公差、搬桌椅、洗廁所，總是我總一馬當先，第一個站出來的。在三、四年級時，我和周順兄被還被選為誠實商店的服務員，那時自覺無比的榮耀。

在軍官養成教育中，讓我們培養出爾後的堅忍不拔的意志力和勇於克服困難的決心，為往後軍旅的生活奠定了良好的基礎。

四年的暑假都我們的時間卻大多在接受專長訓練。對住中南部同學來說，假日返鄉回家探親的日子本相對就短促。因此，寒假才是我們玩山遊水的快樂假期。然而對我農村子弟來說，事情可沒那麼幸運，因寒假卻剛好也是農忙春耕時節。有幾次學長、同學下鄉來我家做客，看到我那麼忙，只住一晚就走人；記得當時只有鴻保兄留下來幫忙農務。有一次騎馬載秧苗時，因田埂窄使他摔得四腳朝天，那晚母親特別殺隻雞為他壓驚。還一次昭仁、木勝學長來訪，果園的橘子正逢採收季，好客的母親採收一大袋讓大夥帶回家，沒想到上車後因公車破舊，在高低不平的碎石路上行進猶如跳舞，導致袋中的水果破袋而出，散開滾落滿車。幸好我們這群軍人訓練有素，很快就把這些水果追回入袋。

還有一年，和榮國暐、建標、阿忠、慶祥跑到大湖碧雲寺吊橋下露營，遠離塵囂，過著野外求生的訓練，當時和榮父親在大湖警所服務，當無米可炊時，他就跑回家去帶著吃的來，而他的姐妹也一道來幫忙張羅，大夥在淚水和歡笑中建立了深厚的友誼，如今這些友人有的已離我而去，然留給我的是無限的追思與懷念。

三、軍旅生涯

畢業離校對未來總是充滿著理想和抱負。步校初級班結訓後屬於乖乖牌的一員，加上自己素以誠待人，且熱心服務，無論是在出公差、搬桌椅、洗廁所，總是我總一馬當先，第一個站出來的。在三、四年級時，我和周順兄被還被選為誠實商店的服務員，那時自覺無比的榮耀。

在軍官養成教育中，讓我們培養出爾後的堅忍不拔的意志力和勇於克服困難的決心，為往後軍旅的生活奠定了良好的基礎。

四年的暑假都我們的時間卻大多在接受專長訓練。對住中南部同學來說，假日返鄉回家探親的日子本相對就短促。因此，寒假才是我們玩山遊水的快樂假期。然而對我農村子弟來說，事情可沒那麼幸運，因寒假卻剛好也是農忙春耕時節。有幾次學長、同學下鄉來我家做客，看到我那麼忙，只住一晚就走人；記得當時只有鴻保兄留下來幫忙農務。有一次騎馬載秧苗時，因田埂窄使他摔得四腳朝天，那晚母親特別殺隻雞為他壓驚。還一次昭仁、木勝學長來訪，果園的橘子正逢採收季，好客的母親採收一大袋讓大夥帶回家，沒想到上車後因公車破舊，在高低不平的碎石路上行進猶如跳舞，導致袋中的水果破袋而出，散開滾落滿車。幸好我們這群軍人訓練有素，很快就把這些水果追回入袋。

還有一年，和榮、國暐、建標、阿忠、慶祥跑到大湖碧雲寺吊橋下露營，遠離塵囂，過著野外求生的訓練，當時和榮父親在大湖警所服務，當無米可炊時，他就跑回家去帶著吃的來，而他的姐妹也一道來幫忙張羅，大夥在淚水和歡笑中建立了深厚的友誼，如今這些友人有的已離我而去，然留給我的是無限的追思與懷念。

畢業離校對未來總是充滿著理想和抱負。步校初級班結訓後，我直接到馬祖報到。在整整兩年多的歲月中，由北竿而南竿，從排長到輔導長，都在修機場，打坑道，躲警報。日子雖苦，但有周順、顯宗、鴻保等同學駐守在附近，假日可聚敘，聊些連隊趣事，內心不再那麼孤寂。當時唯一能返台的機會是代表基層幹部參加總部的忠誠會議。後來移防回台，駐守圳堵砲兵營區，這是影響我一生最大，也是最值得懷念的地方，直到現在我還是無法離開的地方。當年，自己因未成家，所以沒有探親假，而在我任師部福利官時，部隊要移防金門，在離台前就將還在讀書的老婆「騙」到手。辦好結婚手續，當時新娘還留在娘家繼續學業，而我又遠離她到金門。

第一次到金門時，雖然對岸還在打砲宣彈，但在基礎建設、綠化公路、美化營區我都投入很多的心血。當時我任二二六師政二科福利官，駐守七重峰坑道內，過著不見天日的洞穴生活，床邊就是辦公桌，沒有椅子，坐在公文箱或床上都可以，內務也不像在學校般的要求，政戰部全體同仁都住在一起，所以有什麼問題，大家都能同心協力來解決。在科裡，我像備援投手，科長認為那裡需要就派我去，惟獨福利官不管福利站和八三一，其餘女青年工作隊巡迴教育、暑期戰鬥營我都參一腳，帶著學妹們去照顧戰鬥營的女學生，大家都羨慕這份差事，我可苦不堪言；因每天大家還沒早點名，我就要去接女教官們到第一線班哨據點，早餐都在男生止步的隊部用餐，對學妹教官不得有疏忽，否則她們會在正氣報的「柳營風光」修理我，第二天去接，就得向她們賠罪。最後我也學會在報上與教官們打筆仗，主任發現了就將新聞官返台的業務交給我。

當時防區種菜、養豬、造林三大競賽也是我承辦。我負責將師部各項競賽評比成績發佈，因此每月新聞官請領稿費都少不了我的一份。而在金門我榮獲政委會頒發獎章表揚，這是我第一張非軍中的獎賞，格外值得珍惜。

在服滿九年時，我已是四個小孩的父親，在娘家附近買房，以便岳父母就近協助照顧，看到嬌小的妻子帶四個小孩極辛苦，我考上軍訓教官想下課後可以分勞家事。但當受完訓要分發時，學校時期恩師正好調來本軍團當主任，經召見訓勉一番，我就被留下在政一組與慶文（人參官）當同事。半年後下放二九二師當處長，移防金門前，福財兄來接我，而我回圳堵砲指部，在金門時譚保中隊長（時任政一處長）見到我還在金門，就將我調回南部四四群，直到有一天熙猷兄（任總部主任秘書）來電話，問我願否調到別軍種，我才有機會離開服務十七年的野戰部隊，開始接受新的挑戰。

警總，這是在政治上極具敏感的單位，事實上兼負軍管任務，讓我得以了解後備軍人組訓工作的重要性。社會的動脈是瞬息萬變的，一件小事情沒有處理好就變成大事件，而縣市團管區的工作對後備軍人的組訓、動員、協助治安、維護社會的穩定有很大的功能。民國七十四年我接任台中縣團管區主任。佔了地利（婚後一直住中縣）人和（地方首長、民意代表三分之一是青溪幹部）之優勢，但也遇到了黨外民主運動的高峰期。為了處理群眾事件，常被派至第一線去協調溝通。為了勝選又必需深入基層，上級的任務使命必達。在推動工作時，難免要建立地方人脈，透過組織動員來達成目標，而草根性的人物往往是任務成功的要角。有次年昆兄來視察，見到我說「鴻洲您的轉變真的太大了」；是工作環境改變了我？還是彩色世界迷失了我理想的方向？當恩師看到我報退的公文時，特別召見並期勉升了少將再退。唯當時味丹公司力邀我加入服務團隊，且建好的事業體正等著我去就任。最後，恩師說給三個月先去適應，如不合適再回來。在此轉折的時刻，還是我選擇了一條不一樣的人生道路，是幸？不幸？只有我心理明白；退下來是得？是失？我無語，但對一路關懷提攜的恩師我至今心存感恩，永不敢言謝。

四、結　語

如今回首廿三年軍旅生涯，想一想自己的付出，無論是犧牲也好，奉獻也罷，至少留給我的有二座忠勤勳章，十三座陸軍獎章。此外，中央黨部、內政部、陸總、警總、金門政委會、縣市政府、社團機構的獎章（狀、牌）聘書、謝函不計其數，這一切算為我軍旅生涯留下的雪泥鴻爪，也為自己的人生畫下美麗的句點。

洪文學小傳

政四 洪文學

五十三年我進入軍校「政工幹校」有三個原因，第一、當時就讀於嘉義市嘉農森林科，本欲準備參加國家特考，以備畢業後往林業發展，但因發生阿里山森林火災，林地燒燬甚廣，以致放棄這條路。其次，由於姐夫是軍人，鼓勵我去讀軍校以減少家庭負擔，及我將來生活較有保障。另因家窮，又兄弟姐妹眾多（九位）食指浩繁，送一個去讀軍校是兩全其美的事。故我與金蘭兄（哲賢）及二位同學四人畢業後保送至政戰學校，從此開啓我人生的轉捩點。

一位由鄉下（嘉義縣朴子鎮）來的呆頭鵝，走進了北投復興崗蒙古包接受嚴格的革命洗禮，在「合理的就是訓練」、「不合理的就是磨練」，及「是、不是、沒有理由」的基本教練及生活磨練，每日過著緊張的日子，及不合理的要求及訓練，使我筋疲力竭，有點吃不消，多次在晚上就寢後躲在被子裡偷哭，最後在無法忍受下，向當時的排長（振東）、班長（定華）報告退訓之事，但經兩位學長的勸導下放棄這個行為，繼續接受魔鬼般的訓練，終於熬到結訓。

正式開始革命教育。

就讀政治系第四教授班完成了四年的教育，此期間同時保送來讀的有二位同學中途退學，只剩下我與哲賢兄二人成為革命軍人。在學校同隊（七隊）中有四位志同道合的同學結為金蘭，以「智、信、仁、勇、嚴」為名號，正規「智」，又新「信」，學曾「仁」，義雄「勇」，我「嚴」。畢業後分發空軍，二十位同學前往花蓮「防空砲兵學校」接受為期三個月的初級班教育，劉「剛」兄就在受訓中認識「大嫂」，真是一舉二得，令人羨慕。

結訓後我被分發到澎湖風櫃尾當四〇砲連排長，一年後隨部隊移防金門，當時有「單日打雙日不打」炮宣彈的協定。因此，每到單日時開始躲炮彈，深怕被爆炸片打到，幸好我沒那麼幸運。如此一年本島、一年金門的移防共三趟，而後亦調東引「戰管」單位佔中校缺，總結我在中校以前均在島內島外奔波，每調回本島，家眷亦跟我移防，真是倍極辛苦。

回憶卅年的軍旅生涯，雖然職位愈來愈高，但工作及責任愈重，因我屬于忍勞任怨、苦幹實幹型（沒被查辦），所以遇任何任務均能戮力完成，績效顯著，因此深獲每階段職務的長官肯定及嘉許。我認為一個人的成就，除了自己努力外，也要有貴人的提攜，否則不會有今日的我。在軍旅中值得可提的重要事蹟不少，謹敘述幾件：當選過政戰楷模；在上校主任（通航）時，為拆除列管眷村（敦北新村，北市長春路長庚醫院後面），在多次協調原眷戶及承租戶未果，最後採取「你來告我，不是我先告你」，以強烈手段與方法自行雇用怪手，調派單位水電兵及協調憲兵隊到場維持秩序及安全，在一切就緒後親自指揮拆除作業。眷戶眼看是玩真的就同意放棄抗爭及搬遷，才有現在的敦北新城（否則不知還要等多久才完成改建）。由於這次的壯舉深獲國防部及總部長官的嘉許；另在福利總處擔任副總處長時，協助完成公教福利社的成立；另為改善官兵伙食及調節副食品，將全省成立副食供應站，以防止採買人員不當的問題；處理屏東大漢山休假車下山翻車，傷亡家屬慰問及安葬事宜；處理嘉義機場建安專案，視察專機在嘉義上空發生空難，十八位將校全部罹難，家屬慰問及失事地點協調地主捐地蓋十八將軍紀念碑事宜。總之，卅年服務單位計國防部福利總處（上校）、防砲單位（尉、校）、戰管（中校）、通航（上校）、官校（上校、少將）、作戰司令部（少將）、後勤司令部（中校、少將）、空軍總部（上校，政五處專員、副處長、處長，眷管處長）等，凡走過必留下成績，由於喜歡管事，也喜歡做事，所以在空軍官兵私下給一個封號「洪班長」。

八十七年由于空軍政戰人員升將級較困難，為疏通人事管道，毅然打報告退伍，七月一日正式結束軍旅生活，轉任軍人服務站服務，屏東軍人服務站、台南軍人服站、台中軍人服務站均含有英雄館，三個地點共八年，於九十五年三月卅一日年滿六十歲正式結束人生第二春，告老還鄉。

退休後，北部房子給小孩，自己在台中大里購一棟四層樓透天厝為我晚年生活居所。我的養生之道是：早上五六點起床，喝杯溫開水，上廁所（大號），盥洗後，在書房邊聽收音機邊作八段錦（內、外）約一小時，伏地挺身一百下，休息一下吃早餐，八點卅分到中興大學作氣功操，中午飯後休息半小時，下午至大里或台中市資訊圖書館看書。晚餐前上廁所（大號）洗澡（全年均洗冷水），晚上看長片，十點前就寢。每星期三、六上午爬山，星期日騎單車，均約二小時，大坑及霧峰的山頭均有我的足跡，日復一日的作息鍛練自己的身心，俗語説醫生醫病，不能醫健康，健康是靠自己的。所以我的退休生活是健康快活、無病、無葯、無憂無愁，在家飲食清淡，在外應酬不忌口，喝酒少二口，下餐就減口，您説快活不快活。

最後感謝錦璋兄的熱心及鼓勵，才能讓我完成這篇「小傳」。野人獻曝，謹供同學共享，不齒之處，請多包涵。

居家和樂

——代春與鳳珠

政一 張代春

我與鳳珠結婚四十載，夫妻相處數十年，個中甘苦在所難免，而時光荏苒亦過雙周甲慶，已過不逾矩之年。前時錦璋兄發起畢業五十週年慶、希編同學回憶專集乙事，個人亦感其誠、認同其「感恩的心」用心良苦，代春僅話語居家瑣語「居家和樂」乙文附首驥尾，與我同學情感交流，予已自勉並與同學好友另類分享。

另一半鳳珠，其為人也溫和，貌柔心細、事親孝、待友誠、善書法、彩墨、美化空間等……，在幼教、畫友中稍有名聲，與其相處如沐春風，甚獲長輩稱許。鳳珠與我育有二女一男，長女瑞容、次女瑞庭、長子書瑋、外孫女子涵、子宜、外孫以翔是我們的最愛。鳳珠曾撰文「外孫女與我」，描述孫女愛畫文章，載於辛巳畫刊中。家居生活彩墨是其所好，言繪畫稍有小成，除個人小具天賦及手不釋筆外，教授國畫多班助益良多；而諸師長期調教功不可沒。早期受教王維庵師，近期郎莉娟、林淑女、楊鄂西、歐豪年大師皆傾囊相授。

個人家居平談，軍、教職退休後七友（山友、球友、茶友、歌友、雀友、詩友、畫友）相伴，退休後見鳳珠畫藝精近，而已盡吃老本、成長有限，希自我亦加成長，除學書法、電腦、語文外，近亦著墨詩詞，常於本期「五七布落格」、「57復興崗上」、及鳳珠書畫上以詩表意，並常為撰文與同道交流。個人在詩書、畫上，由於深感個人文筆表意有限，以詩代文想像空間較大、偶得崁名、鶴頂佳句，合玉其間更能契合情境，可與諸友分享喜悅；又數年來追隨詩書聯家蔡公鼎新受其文詞教誨，更感佩其九十五高齡猶為人謀、渾然不知秋的胸懷，更視我等如己出，鼎公不以我等後學、不以己陋，在詩書上指導很多，在詩上曾謂：為詩之道無他，在求真情表意而已，勿堆砌文字重華麗，應涵養詩意真性情，自有好詩能動人，今己所作仍乏真情，亦落俗套，唯知學而後能知不足、蝸步不畏路遙、壘石而後高築之理，期能自我精進、日漸成長，毋負長者厚愛。

近年來鳳珠畫藝精進、畫集成書，先後於台北市社教館、國父紀念館個展、及台北市立聯合醫院所屬仁愛、和平、雙和醫院……等愛心的師生聯展展出。另個人敢於塗鴉附冀鼎公題鳳珠詩文後，印行「枕草學詩」乙本、實有一己之私，為祝鳳珠畫展成功，並增彩鳳珠畫展、畫集；另受鳳珠鼓勵，同步受教於文友、好友。今特為文「居家和樂——鳳珠學畫、我的塗鴉」乙文，期分享吾家喜悅，並與張學友我畢業五十週年的親密戰友打成一片，煩擾清神，文尾不勝惶恐、敬陳指教。

代春鳳珠祝福

楊興棟小傳

音樂系 楊興棟

人生歲月有幾載，都已經七十歲的人，一路走來回憶往事，凡事真是個「緣」字，不論與家人、同學、同事的點點滴滴，盡歷歷在眼前，全是感恩了。

民國五十三年，一位舉止看上去仍感單純的青少年，高職畢業後被保送到政工幹部學校，在校期間因基礎差，反被激起用功讀書的心，就這樣平平淡淡的在復興崗中渡過。

回憶服務軍旅中的生活，來分享時光交錯的痕跡，心中只有「感恩」二字。在步校戰技班半年期間，與巫榮光等多位同學一起在刻苦中學習；擔任排長時與盧汕同學同連服務；擔任連輔導長時與林熺城同學同營服務；在特種作戰學校時與林永福、杜鈺、曾玉麟等同學們一起為國效勞；心中非常感謝他們的指導，能順利渡過軍中基層的道路。

民國六十四年總統蔣公崩逝，奉命調往慈湖管理處服務，後續轉調特別警衛安全組服務，民國八十一年退伍後換個跑道轉往大溪鴻禧山莊擔總幹事。

回想半個世紀以來，每天都是一板一眼腳踏實地盡忠職守的為國為民服務，數十寒暑如一日，甘之如飴。

最後，在嶄新的馬年，敬祝各位同仁身體健康、闔家幸福美滿！

一〇三年三月

只能在夢中再相見

新聞系　董樹雲

一、悼念新聞系往生同學

新聞系已有張康郊、何宇琦、方子廉三位同學往生，如今幽明永隔，再相見已是在夢中。最難得的是：我是「送行者」，親自給方子廉、張康郊送行。

「秋風秋雨愁煞人」，在瑟瑟寒風中，一片枯葉，孤零零、兀自不停的在枝頭顫抖；與無情的勁風對抗著，突然枯葉脫離了脆弱的樹枝，隨著強風飛舞在空中，上昇、盤旋，然後輕輕的落下，靜靜的、悄悄的，躺在那軟軟的草地上，剎那，這世界一切都靜止了，劃下了休止符。

中華民國一〇二年九月廿九日，病房一片玻璃之隔窗外的凱德格蘭大道上，工人團體在為其自身的生存權益在奮鬥，對著總統府嗆聲；鑼鼓聲、呼口號聲、哨音，鬧得震天價響！

病房內，方子廉同學，這位生命鬥士，掛著呼吸器，默默的在對抗病魔。

與死神拔河，到了下午七時廿五分，方子廉累了！他真的累了！他放棄了生命，別了親人、朋友，靈魂飛昇至極樂世界，不再有人世間的痛苦，不再理會這紛擾的世事。此時窗外人們仍然在奮戰，病房內哀戚的親人們圍繞著他的大體，地球繼續運轉，他走了，旅世六十九載，窗外。工人團體認為奮戰是大事，窗內，他的家人認為在世界上，他的離去才是大事，感覺這個世界如此的近，以乎又很遙遠，這個感覺很奇異。當時我在病房外有緣給好友送行，他在病中給我說：人生在世學二件事：學做人，學做事而已。一定要聽父母言。

方子廉，自我認識他時，他就為胃疾所苦，且一生官運不佳，仕途坎坷，為人忠厚，重情有義，謙和，大方，寫的一手好字，文采如「紹興師爺」；他在病中，受盡折磨，自顧不暇，仍然處處為別人著想，為家人操心，體貼一如往昔。

他最感安慰的是妻賢、子孝、孫好。他因為妻子及女兒皆為護理人員，時時給予悉心的照料，多享了十多年陽壽；也是他為人忠厚的福報。

他在病危住加護病房時，同學會長趙華淼將軍、財務長邱麗霞等同學等及新聞系全體同學兩次親往探視，給他加油、打氣；讓他不感孤獨。

往生後夢到他，給我說：「要好好的享用美食」，因他生病後期無法好好進食，非常難受，現在解脫了，要好好享受一下。

張康邠（原名張茂雄）生於民國三十二年十月一日，歿於民國七十三年十二月廿五日，得年四十一歲。

他在一年級由政治系轉至新聞系就讀，服役時我們同在「陸軍出版社」共事，數年後他由「聯勤出版社」調至「聯勤總部軍墓處」（汐止國軍五指山示範公墓）工作；當時他已罹患肝疾，曾住院治療，他因種種因素，致心情不佳，經常「借酒澆愁」，但酒會傷人、傷人際關係、也傷了自己的肝。

平常我很少與同學聯繫，可能「心電感應」；某個週六下午約五時許，想知道他是否痊癒？打電話到他家，他家人說：「他病發，剛剛送到三軍總醫院掛急診。」坐計程車趕到急診室，醫官說已轉至住院部軍官病房，剛進大門與其妻相遇，其妻神情慌恐的握著我的手說：「怎麼會這樣！怎麼會這樣！」，並說他一分鐘前往生了。

四人住的病房中（其餘皆為空床）僅有我、康邠及為其大體做善後護理的護士。護士離開後，我一人面對其大體，思索著「靈魂與肉體的關係」；人的靈魂何處來？何處去？肉體因有靈魂而會活動。肉體失去了靈魂，變成一具冰冷的軀殼，至今仍不得其解，其因果至今我仍不得其解。

當時僅我與康邠在病房中獨處，之後，其家人陸續趕到。我伴同其家屬給他換上乾淨的衣服，將他移往太平間，並親手扶持擔架將他安放於冰櫃中。隨後，他的至交、摯友，夏繼曾同學也火速趕到太平間，邊燒冥紙邊哭著說：「你就是不聽話！你就是不聽話！」真情流露，感人至深。

何文湘學長（時任聯勤出版社社長）及同在該社的李德嫻同學為他的後事費心費力，爭取最大的福利，安頓其子女的教育及生活，新聞系同學也積極參與其喪事，康邠安葬在他生前的管區——國軍五指山示範公墓。

次年，我在國防部史政編譯局圓山國民革命忠烈祠任史政官，職司烈士入祀、牌位管理及員工及儀隊管理（管陰、陽兩界），輪值日官夜宿大直圓山忠烈祠，約廿四小時許，睡夢中，見康邠兄身著長袍馬掛，肢體僵硬，立於門前，我立刻趨前迎接，執其雙手迎其進屋入座，問他：「您的手怎麼這麼涼啊？」他未答話，隨即起身欲離去，我向前扶他說：「你這麼快就要走了？」他未答話，我扶送他出門離去。

平常做夢，醒來夢境往往不復記憶，但那個夢卻鮮明牢記在心，，歷歷在目，驚醒之後，看看日曆，當日是「清明節」，康邠兄回來看我，儘管生前我們生活在一起四年，共同歡笑過，也吵過架，現在都成為過眼雲煙，一切皆不存在，謝謝您康邠兄，您來看我——在夢中。

何宇琦病逝於高雄，王瑞甡、史雲生、張家寶及我前往高雄參加其葬禮。何宇琦由政治系轉來新聞系就讀，他熱愛運動，參加橄欖球隊，體格強壯，短小精幹，從事新聞工作，在高雄新聞界任職高階，頗有成就。

二、我的小傳

我們從二十多歲的「青春少年家」，到現在的「前途（禿）光明，面子越來越大」（頭髮少，臉變大）的老年人，四十多年歲月，彈指過，歷歷往事，要壓縮在短短數千字內——難，畢業至今，千言萬語說不完，一部二十四史，不知該從何說起，總結為——感恩。

軍旅生涯近三十年，由「民」變「軍」。「烏龜變黃鱔——解甲歸田」後成為「榮民」，回到原點，一切都在變，不變的是記憶及維護本校的榮譽，至今仍不敢稍有逾越。

「時光飛逝，我們青春轉眼過。」同學們皆經歷了人生的酸、甜、苦、辣、喜、怒、哀、樂，宦海浮沉，同學的死別，令人心酸，同學們，希望大家每天都「生日快樂」——「有生之日，快快樂樂」。

感恩國家的栽培，長官、師長的教誨，學長的提拔，同學、學弟、學妹的協助。

民國五十七年我在步校受訓，先慈過世，當時家境不佳，同班同學梁立凱發起救濟，同學在薪餉微薄（月薪四百元）的情況下，紛紛慷慨解囊相贈，袍澤情深，捐款名單，因歷次搬家而佚失，無法一一親致謝意，同學有恩於我，無以為報，銘記在心，在此致上衷心的感謝！

我的部隊經歷：野戰第19師56團三營第八連（排長）、陸軍運輸兵學校學員生大隊（輔導長）、陸軍研究發展訓練司令部軍報社（記者）陸總部出版社（記者、「陸軍忠誠報」編輯）、國防部史政編譯局（史政官、圓山國民革命忠烈祠管理組副組長）。

民間經歷：台北縣政府商業管理課（八大行業稽查員）、台北縣政府環境保護局（新店垃圾資源回收廠——焚化廠、三峽山員潭子垃圾掩埋場雇員）、馬場馬匹飼養員、餐廳、保齡球場、水泥產品廠等。

「人生如戲」，陸總部元旦晉升，許君健在第一排升上校，我在第二排升中校，我說「恭禧你」，他說「您委屈了」。在史政編譯局傅一秀是副組長，我是參謀，他是我的長官。採訪「空難」新聞時，在現場看到同學吳萬程在場指揮官兵抬罹難者的大體。真是「人生何處不相逢?」

因篇幅有限，最後祝福同學闔家平安，政躬康泰，福壽綿長，我們在畢業五十週年紀念同學會上再歡聚。

三、結語

首先要感謝「57復興崗」部落格的主持人——信義兄賜予刊登「只能在夢中再相會（再相見已是在夢中）」一文，讓十四期全體同學有機會悼念我們往生的同窗——張康邠、何宇琦、方子廉三位同學；他們是我們的兄弟，如今「雁序拋群」、「手足離分」。

為了部落格；吳信義同學就像「57小坪頂」十四期部落格的創辦人—尊仙兄一樣，太太、兒女也一同投入，備極辛苦，積勞成疾——傷害了尊仙兄的視力，他出錢、出力、傷身；無私的犧牲、奉獻，在此致上最高敬意。

信義兄為服務同學，每天花約七個多小時在「57復興崗」的工作上；這次我配合該文傳輸的照片不甚理想，信義兄費了很多功夫及請他的妹妹幫忙處理，才有完美的照片呈現。尊仙兄、信義兄就像很多選舉候選人一樣「一人當選，全家服務」，請尊仙兄、信義兄代向其家人轉達我們同學的感恩。

也要感謝歷任部落格的主持人：尊仙兄、奎章兄、信義兄。謝謝這三位同學會的資訊長，把十四期全體同學的情感凝聚在一起，功德無量，善莫大焉！

這篇拙作本來標題為「魂兮入夢來」；僅悼念張康邠一人，本要刊登在本期同學「畢業三十週年專輯」裡，因故未能付梓，現在「畢業五十週年專輯」徵文，又增加了何宇琦、方子廉二人，標題改為「只能在夢中再相會」。

二十年花開花落，物換星移，變化真大，民國七十三年時，我還算年輕，仲介向我推銷房子（陽宅），以安頓家人。現在民國一〇三年我已被稱為老人，仲介要我買靈骨塔、墳地（陰宅）一一要我「自掘墳墓」、治禿頭的藥、補藥。

拙作刊出後，得到同學們立即且熱情的回應，很佩服同學們有耐性看完全文，我是「蒼海一粟」、「凡夫俗子」、駑鈍之人。同學們對我的溢美，實在愧不敢當。不吝給我的指正、鼓勵及厚愛，敬謹銘記，俾資策勉。

我不才；是「今之古人——不會用現代科技工具的古代人」，不會電腦打字，因而無法一一回覆，在此要學學立法院的「兩岸服貿」法，以「包裹法案方式」，三十秒就快速通過，不再一一回應，向鼓勵我的同學們致上最誠摯的謝意，謝謝！謝謝！想必不會引起同學們的抗議吧！敬請同學原諒、海涵是幸！

同學董樹雲敬上中華民國一〇三年四月十二日

感念同學燦爛的晚霞人生

政四　譚遠雄

復興崗同學勝隆兄，日前寄一份他寫的『卸裝、燦爛的晚霞』給我雅賞，主要是復興崗十四期，今年入伍五十周年，通過錦璋同學提案，請同學寫一篇浮生歲月燦爛的人生小傳編輯印製成冊，於召開聯誼大會時分發同學分享和回憶。

勝隆兄民國五十七年畢業時和我一起，接到陸總部人事命令到潮州師擔任排長，大夥在步校初級班結業後，由我領隊共八位同學在鳳山國軍英雄館集合往潮州師報到後各自在軍旅服務。我在外島時間長，勝隆兄在本島時間長，各在各人的崗位領域奉獻人生。

民國八十年收到勝隆兄榮退時，寄來穿著軍服玉照封面小冊『急流湧退、萬般自在』，勝隆兄在開章明義即說：『一個人不能瞭解生命、生命對他來說是一種懲罰，一個軍人對於整個任務環境缺乏認知，則工作對他來說是一種折磨』。在其小冊中有幾句話是值得我學習與敬佩，『軍人不是謀生的職業，而是創造新生命的事業』、『一念放下萬般自在』。尤其勝隆兄二十多年前在小冊中談到，社會面臨急速與多元的變遷，部隊只問耕耘不問收穫的捨生取義定見，已難撩起官兵強烈共識，在其感受中如何使弟兄們安居樂業將是帶兵練兵指導的時代趨勢，尊重人性、強調理性、誘導心性、當愛到最高點，不禁令人感到高處不勝孤獨，軍旅生活點滴豈無介懷。二十多年後洪仲丘案，讓軍人變成過街老鼠，以及軍法移給司法管轄，國防部長黯然下台，不就是勝隆兄廿三年前談軍人事業高處不勝孤獨的寫照，也是勝隆兄二十多年前已都看到民主社會中，軍人軍隊最可憐且無奈，就是無人幫腔，如今想起感慨萬千。

二十三年後勝隆兄一篇『卸裝、燦爛的晚霞』，談到如果時間能停止你願意停在哪一段，他的答案是此刻，我想此時他是燦爛晚霞的寫照，回憶他的軍旅生涯，每到關鍵時刻他就會作出關鍵的行動，往往是顛倒眾生的，否則怎會屢受上級表揚榮獲金牌的政戰楷模。每當他孤芳自賞時，就想到母校帶給他壯觀、信心和暖流，在革命軍人事業上，他是汲汲趕路，從不歇腳，尤其在中部軍團擔任眷管組長，真是任重道遠，感受到什麼叫寒天飲冰水點滴在心頭的情境，所謂活在山林敬畏在心的感懷。

老兵不死但會凋零，讓他看到另一個希望成熟之人，並不見得要髮蒼視茫、青春不如美麗；美麗不如健康，即使夕陽西沉，餘暉也可遠觀欣賞下沉的燦爛晚霞，爭萬年太久就爭朝夕吧！勝隆兄自五十八年和我一起在同師擔任排長，六十八年在金門同師擔任旅處長，七十三年同在十軍團一個眷管組長，一個裝甲旅主任。到退伍後八十年代，我時常學習他經營芭蕉企業集團事業的成功經驗感受最多，特在他寫下『卸裝、燦爛的晚霞』給予一份讚佩和敬仰。

復興崗上的好兒女

政二一 梁忠民

一、緣起

民國五十三年七月新莊高中畢業後，在家人、師長及同學的鼓勵下，報考參加保送軍校，經甄試合格，終於成為允文允武的革命政工幹部。

二、崗上四年值得懷念的師長、同學們

一、教育班長：十期胡兆木學長：嚴格訓練入伍生，並在「是」、「不是」、「沒有理由」的訓導下，終究成就為復興崗政治學系的一員。

二、如沐春風的師長：蕭文章、張文良、唐文虎、鄭曦、梁中英老師等……

三、同學：王漢國、香腸、信義、建峰、草包……

三、部隊生涯

分發92師，余始終堅守崗位，並承蒙歷任師長、主任、科處長、旅營連長照顧，由少尉、排長乃至輔導長，一路恪盡職責，直至民國六十四年獲調陸總部政五處政參官，也同時考取軍訓教官職。

四、軍訓教官——任基隆督導（六十八年……）

蒙時任參謀總長郝柏村將軍點名召見，晉升上校，時年四十四歲。曾歷任僑中、台北工專之教官，並於民國七十九年九月，以主任教官之職於輔仁大學榮退，隨後又赴成功嶺進行大專寒暑訓之教育工作。

甫收到政二教授班「草包」黃錦璋同學之來信，故不得不提筆濫竽充數，希為入伍五十周年紀念冊，聊表過往雲煙之人生，「互報平安，長相憶」是嗎？再次感謝「草包」您的來函提醒，謝謝您！祝福十四期同學平安健康、萬事如意、心想事成。

一〇三、四、五

七十自述

體育系　何德大

前　言

頃接錦璋來函，心中頗有感觸。

退休以後我把生活安排的很緊湊，除了運動就是跑圖書館。我大致上愛看傳記和戰史方面的書，而看的最多的就是有關毛澤東和蔣中正方面的書；想一想，中華民族在這兩位前輩的手中掀起了多大的驚濤駭浪，苦的是黎民百姓。

我三歲跟家母逃難由遼寧輾轉跑到台灣，這逃難的過程可以說一言難盡。這中間有：徒步、搭火車、坐船、乘飛機，也去過海南島，沒有半年大陸就淪陷了。三十八年到台灣，三十九年就讀屏東空軍子弟小學。從小我就愛運動，尤其愛游泳，到現在每天下午都會去游泳。我常想人要活就要健康，我長年都洗冷水浴，寒流來了也一樣，所以這一輩子幾乎都沒有感冒過，唯一不好的是牙齒，我跟老婆說：我現在最愛的菜是「麻婆豆腐」。

一、我是步兵排長

步校初級班畢業那天，好像剛過完年。為了準時報到，我們分配到34師的八位同學馬不停蹄，這裏早上十點畢業，隨即火車北上，原來預定晚上九點到桃園，但因火車誤點，十一點才到。在車站打電話給師部人事官，卻換來的是一頓官腔。半小時後來了一輛3/4車，接我們八個過去。進入營房才發現一個怪現象。阿兵哥人手一個鋁杯。當時都已半夜十二點了，卻說要吃宵夜。以後才知道他們正在實施：顛倒訓練，白天睡覺夜間出操。當時我們的營區是在桃園苦苓林，所謂林口台地。那時候一個連老兵佔一半以上，一個連四個排長三個是行伍出身，一個是我，連長是官校二十九期。當年一般的老兵總想看新兵的笑話。

那時候部隊正流行器機操，這我還能應付。幾個月後有消息說我們師每個營要實施營測驗。看老兵緊張的樣子，我想這一定不是好玩的事，我們同學音樂系的同學張永明他先測。後來，我們幾個同學一起去看他，他是邊說邊流淚說：這一輩子還沒這麼苦過。這只是演習不是打仗，如果打仗那更不得了了。

二排長，輔導長歷練完，調參三科體育官。有一天晚餐後，師長召見，不知道什麼事，師長一見面開口就說：「聽說你游泳不錯，想不想到成功隊去？」我說：「我不太瞭解成功隊，等我去看一看瞭解狀況再回報師長。」成功隊給我的第一印象是：有點江湖味道，不像正規軍人，隊長像老大，輔導長像小媳婦，總是到處說好話求人，這與我本性不合；雖然待遇好，我還是不想去。

二、在金門二年沒回過台灣

在金門二年的生活是枯燥的，伙食也不好，住在碉堡裏面，每天早上都要晒棉被。那個年代排長一個月的薪水大概才三百多塊錢（比起錦璋函中的九百塊錢差太多了）。有一次口饞想吃香蕉，在金門城一問一支黑了外皮的香蕉竟要二十塊錢，太貴了，實在吃不下去。

我最不愛聽別人講金門的馬路好乾淨，因為每天早上天不亮，我們排裏負責的一段路就要掃好。當排長的那一年每天早上點名，完全連分成三組，一組操課、一組挑水（駐地沒有井要到西浦頭村莊去挑水），一組應付上面交辦的勤務（包括衛哨兵）。每天晚飯後有一件大事就是背口令。阿兵哥教育程度不齊，高中畢業的很少，最多的是小學畢業，還有聽不懂國語的。通常口令都是三句話：誰！幹什麼！到那裏去！短短的三句話要背三十分鐘，背完了再一個一個驗收，然後解散上哨。晚上七八點的時候營部會派人抽問，有的阿兵哥還是一問三不知，莫宰羊，真是啼笑皆非。我們師部長官說過句話，他說：「一個師一萬多人，在金門二年，死亡兩百多人算是正常消耗。」誤踩雷區被炸死的，衛兵太緊張誤殺的，暴行犯上的，這種事時有所聞，有一位官校三十七期（與我們十四期同時畢業）的排長就因為平時太強勢，他去查哨時，發現衛兵睡覺，他當場破口大罵，百般羞辱，該衛兵本是一個極溫馴的人，也被激怒了。在一陣槍聲中排長倒下了，阿兵哥當然也被槍決了。無論排長也好，阿兵哥也好都不是壞人，但是下場竟是那麼淒慘。

三、脫離野戰部隊

六十三年三月終於調到步校擔任體育教官。步校所謂體育課大部份是戰技：刺槍術、奪刀奪槍、擒拿，一般體育課程就很少其他，五千公尺跑步那是正餐，每天都要跑，五百公尺障礙是點心。

七十四年調陸軍官校。當時官校幾乎每天都有人來參觀。因此上體育課也很小心，上課隊形井然有序不可以亂。聽同學講其他兵科學校上體育課跟民間學校一樣，只要學生安全就好了。

其實我的個性也不適合當官，官場就要逢迎拍馬，直率的我根本無法適應，後來當了組長跟長官理念不合，格格不入，七十九年填表退伍。當了廿二年的兵能全身而退，想想也真是不容易。

四、進入私立高職任教：

還好我有體育系的專長，很容易進入一所私立高職任教。許是我臉長而不苟言笑，讓人望之生畏，校長找我擔任訓導主任，以為可以壓一壓調皮的學生。私校事情很好辦，困難的是招生，每年一到暑假全校老師像無頭蒼蠅跑東跑西的，每間辦公室都額外裝了招生電話，從早到晚不停的打，一有線索，老師就去拜訪。每週還有二次招生會議，校長一一點名詢問，如果進度欠佳又是一頓冷潮熱諷。要在私校當老師也是不容易，就因如此老師的流動性很大，一到暑假離職的老師將近三分之一。學生素質也不好，上課都在玩手機。有人開玩笑說：「私校有二種學生，一種是傻（智能不足）一種是壞（父母都從事不當行業），這自然是笑話，好的學生當然還是有的。九十四年我居滿六十一歲，可以領退休金，我就辦退休。算一算連當兵加在一起也有三十七年了，退下來還有退休俸可領，於願足矣！夫復何求？

結　語

生、老、病、死是人生必經之路。如同錦璋來函所說，人生苦短有什麼好計較的。說人家草包自己未必高明；有智慧的人是不會輕易論斷別人。前言中曾提及我經常看的一些傳記，那都是一些大人物，文中提及的都是負責軍國大事的，這些我們連邊都沾不上。但是想到自己十四期同學之一，感覺就不一樣了；畢竟政工幹校十四期在校史上總有一段，這一段是我們全體同學留下的一頁。

久未提筆所撰內容較為零亂，甚或言不及意尚祈同學多所包容。

七十年的歲月

政一 陳連堂

民國三十八年秋天，一家四口（姥姥、母親、二弟和我）跟隨國軍來臺，時僅四歲，定居林園。如今已七十歲了，倍感歲月不饒人。

記得民國五十三年高中畢業，蒙導師蔣先生的鼓勵，投筆從戎，毅然決然的報考了革命學府復興崗——政工幹部學校。四年的文武合一教育，真是多采多姿。還記得讀一年級時，受到磨練最多，走路要轉直角，錯了就罰伏地挺身，看見學長要大聲喊「學長好」，回答學長只能說「是」「不是」「沒有理由」，如今回想真是有趣。除此之外，四年之中，在暑假要接受通信、駕駛、傘訓等的嚴格訓練。讓我們學有專長，獲益良多。民國五十七年畢業，獲頒教育部法學士學位，及國防部少尉軍官證書及任官令，畢業後按抽籤分發三軍服務。我被分發陸軍野戰部隊，當時單位駐守外島，隨即搭乘大型登陸艇，渡海抵達金門報到。展開我的軍旅生活。

民國七十六年奉准退伍，軍人生活整整二十年，臺灣本島及金門外島往返四次。可說走遍大江南北。這段期間，歷練了連、營、旅及師政戰主管，及金防部、陸總部之重要參謀。如今脫下軍服解甲歸田，完成了一位革命政戰幹部的時代使命。

軍中退伍，方年五十歲，尚屬壯年，體力精力充沛，思考再三，重回工作職場。尋尋覓覓，曾在投資公司及補習班工作，均不適合。終於在民國八十六年，幸運考取桃園清華高中教職，其間曾赴臺北師大進修，正式取得合格教師證書。面對清華學子，展開了教學，作育英才。一轉眼就教了十五年，於六十五歲居齡退休。臨別依依，校長老師同事在歡送盛宴上頒給「良師興國」「春風化雨」的祝賀獎牌，這是學校師生肯定的榮譽。終生難忘！

在這七十年的歲月裡，從為國衛民的軍旅生涯，是向百年樹人的教育工作，這是我一生的榮幸，真是不虛此生。欣逢本期入伍五十週年前夕，談談過往，未嘗不是甘苦的美好回憶。衷心祝福全體同學永遠平安、健康、快樂。心想事成！諸事順遂！

福臻與我

政四 譚遠雄

提起黃福臻就讓人豎起大拇指說聲讚，因為他的國畫造詣已參加過許多次大展，福臻兄在新北市社會大學十幾年深造，拿到博士後更上一層樓叫超博士，我桃園家就掛著黃大師贈送的高水準的國畫懸掛在客廳，有次我小學同學前國防部長天羽兄到我桃園家聚會時，見到福臻兄的畫後說：『這是大師級作品』，我尤感光榮。

福臻兄另一項大師級的專長是攝影。十多年前同學一起到雲南麗江旅遊，夫人大嫂們就是要福臻兄掌鏡頭，會把這些夫人大嫂們照得美美的，再搭配美景更是佳作，深得夫人大嫂們尊敬和喜愛，一直被尊稱黃大師到今天。

回憶認識黃大師，是在民國五十三年復興崗十四期入伍後，編入學生班第八中隊，我們隊長叫我們臭蟲，因此我們這批同學就叫臭蟲家族。

大師當年家住板橋，他的父親那時在縣政府上班，母親在財政部海關工作，書香門第出來的孩子氣質不凡，溫文儒雅，一副藝術家的風範。學生時代他是我好八隊十四期，第一位被選為實習營輔導長幹部，其學能兼優、熱心負責樂於助人個性，深得學弟的尊敬，同學的敬愛，長官的信賴，是位不可多的的人才。

大師在民國五十四年和我一同，被選為復興崗合唱團團員，他唱男低音，我唱男中音，他的聲音低沉渾厚，聽起來很吸引人，我們在蔣公八十壽誕時獻唱祝壽歌曲，在國父百歲誕辰紀念音樂會時，除國防部示範樂隊演奏外，我們復興崗合唱團，穿著閱兵服演唱　國父一生的樂章，在當時獲得觀眾如雷掌聲。

大師的父親，不幸在我們讀大三時過世了，黃伯父慈祥和藹不太説話模樣我還記得，我們去他家時，他總是以微笑代替招呼，讓我們感到親切。自此以後我有一段時間，假日常陪大師回家，在沒正式儀式下，我和弘忠同學稱大師的母親為乾媽，這一喊就四十八年了。

大師五十七年復興崗畢業之後，被分發到谷關師服務，我去看他時，他一副山訓寒訓裝扮回來模樣帥極了，讓我敬佩。大師民國六十年與福州同鄉，秀外慧中的自立美女結婚，讓人好生羨慕，大師把他結婚時帶的花紅領帶，傳給我叫我結婚時也戴它，這份賜福之禮給我後次年我結婚也戴它。在此再一次表示感謝。民國六十一年大師隨部隊移防馬祖高登，委屈了黃大嫂，其長女出生後，我在中壢通校服務，常利用假日找時間探望他母親及黃大嫂，表達我這好同學一份關懷，也讓大師在高登服務時能放心一點。

大師在部隊表現優異，被選回復興崗擔任學生班隊職官，多年以後轉任軍訓教官，先後在華僑中學、輔仁大學、華夏技術學院共任教十六後退休，過著含飴弄孫及專攻國畫山水花鳥宮筆，成就非凡。

大師謙虛性格，十四期入伍五十年要編同學浮生歲月小傳，大師說一生無成就，不敢提筆撰寫，從這就能看出大師為人憨厚忠實個性。

大師和我相交五十年，年輕時候有好吃的不會忘掉我。在眷村出生的貧窮子弟，民國五十三年電視不普及時代，大師家有一台東芝牌黑白電視機，就常邀我去他家看電視，讓我非常感謝。五十年來我認識的大師，是一位偉大的孝子，他母親今年九十歲了，他與母親同在一屋簷下，共同生活七十年無怨無悔，人間少有。黃大嫂結婚後就辭去公路局工作，在家專心伺候婆婆照顧先生子女，辛苦備至，是位模範母親，值得我們學習與效法。大師和我同年都是屬猴的，今年七十歲了，大師你過七十壽誕，我要好好給你過生日。

回首瀟瑟處無風無雨無晴

政一　孔小琪

我三十二年生，三十八年隨政府來台。小學讀過四所，前三所都是從一年級再讀起。初中幸運考上台北成淵中學，高中沒考好，在基隆路陸軍汽車基地勤務廠〈五級廠〉做了五年傭工，半工半讀下完成高中學業。回想當年，外省子弟避秦來台，沒有土地恆產，沒有家世背景，前途一片茫然，只有從軍一途，幸運的是復興崗的收容，得以踏上軍旅生涯。進入母校後常想不應該會熬到畢業；因在那風雲起，山河動的時代，反攻大陸號角隨時響起，同學都可能提前戰場授命，加入戰鬥序列，奔馳於神州，轉戰於各地，等勝利後再帶階回來補修學分〈西點軍魂的故事如是〉。遽料四年很快過去，且幸運能畢了業。分發到最嚴苛的陸軍步兵33師，擔任砲兵觀測官，一年多的歷練大都在砲兵學校與陸軍戰技班度過。在戰八期中曾與高華柱，江奎章等同學同班。戰技班訓練了一些功夫與壯健的體能，回部隊後被他們當成體育教官使喚，師士官隊老是找去上戰技課，當時視為榮譽，樂此不疲，於今想來其實是不務正業。一直服務於基層野戰部隊，曾以上尉階級成為全師最年輕的營輔導長。我輩雖是生活於最艱苦的年代，同時也是最幸運的時代，當時正是部隊青黃不接之際，老一代的資深幹部屆齡退伍，少中校極度缺員，留下很多晉升的機會等著後進英才。因幹厭了野戰部隊長期拋家別子的生活方式，辜負了長官慰留與好意，轉入軍訓教官隊伍，也斷送了昇遷歷練的機會。

教官生涯中，曾服務了兩所學校：左營高中五年，高雄工專十年。

軍訓制度有其時代背景，當年任務繁重，學生管教嚴格，雖然蠻辛苦，卻也提供校園一定的安定力量。時在野黨不斷的醜化教官，發動軍訓教官退出校園運動，聲勢震天。但他們執政後不但把制度留下，甚至於還希望連國中也成立教官室以協助訓導工作。幾經折騰，迄今再也聽不到教官退出校園的聲音。但今日軍訓制度非驢非馬，教官的功能因『學術自由』（？）『校園開放』（？）早已面目全非，不能與昔日相提並論。

受國家制度的限制，八十二年在萬分無奈中以五十歲的壯年強制退伍。這些年來做過材料公司倉管員〈五年〉，中央民代助理〈一年〉，賣過中古汽車〈二年〉，擔任過保全公司總經理〈八年〉。九十七年因慨歎無力實現照顧員工的心願而離開了職場，全心投入慈愛志工的行列。

南部地區生活水準與人文氣息遠不如北部，有學問，有遠見，有能力的人，都往北部跑。此間仍有許多弱勢社區，更有一些三餐不繼，生活貧困，為生活，為疾病所折磨，無依無靠的家庭與社會邊緣人，獨居老人，單親媽媽，身心殘障者，極需大家的關懷與協助。職場退休後，發現在這個區塊還可以略盡棉薄。也可以在晚年時能廢物回收，資源再用，發揮最後一點邊際效用。

『施比受有福』，雖然與多數人相比，自己也是弱勢者，在經常接觸上述朋友後，才發現我們是還真是很幸福的一群，理當常懷『感恩與惜福』之心。

回首來時路，雖然也俯仰無愧，但是卻胸無大志，安於現實，不求長進，飄萍隨風，庸庸碌碌在無風無雨平凡中過了一輩子。看到許多同學叱吒一生，出將入相，文奔武馳：或虎踞一方，領袖群倫。或悠遊儒〈學〉林，寓意翰墨。或縱橫商場，寄身陶朱。或端居公門，參贊機要。或遁居海隅，隱跡山林。不論高居廟堂，還是遠處江湖，都能在許多領域中出人頭地，各領風騷，勞瘁一世，精彩一生，迄今壯士暮年，猶壯心未已。十四期因各位卓越的成就而光耀。〈有些〉顯赫事跡也許已成為明日黃花，過眼煙雲。但留下滿篋美好的回憶與事功。『不是一番寒澈骨，焉得梅花撲鼻香』。昔日曾『犧牲享受』，辛苦努力過，今日『享受犧牲』不為多。這是成功者該得應得的一份榮崇。對此，區區每懷無限的敬意與感恩。感恩有同學們傑出的貢獻，國家社會得以安定與進步。

紅花也要綠葉來相襯，荒村野漢誠摯的只〈很甘願的能〉當一片平凡且不起眼的綠葉，為成功的同學喝彩與鼓掌，並分享你們的光榮。

年紀愈大愈珍惜這份崗上真情，感謝歷任會長的用心，感謝各位為會務犧牲奉獻的同學們，因為你們的辛勞，才使大家在髦耋之年還能夠『常相左右，相濡以沫』。因為你們的貢獻，才能使革命情誼『天長地久，歷久不輟』。

曾玉麟談教育

體育系 曾玉麟

每個人都有他自己該走的路，有平坦寬闊、有崎嶇狹窄、有上坡下坡，只要安定下心，抱著希望向前走，一定會走出寬廣大道，無限喜悅，必油然而生。

我生於台灣光復一年後的愚人節，三十五年四月一日生於新竹縣關西鄉下小鎮。一路走來跌跌撞撞，十三歲單親、四年軍校、拳擊選手、棒球教練、縣府課員、課長、督學、校長，走得艱辛。一生以教育為志向，也鍛練出我開朗、果斷、賞罰分明、不記恨、歡樂豪爽的個性。

軍公教服務經歷：

1. 民國59—64年：陸軍官校拳擊教練。
2. 民國64—66年：陸光棒球隊經理。
3. 民國67—70年：桃園縣觀音、平南國中教師。
4. 民國70—79年：桃園縣政府教育局課員、課長、督學。
5. 民國79—81年：新竹縣立五峰國中校長（山地學校）。

6.民國81—83年：新竹縣立橫山國中校長（鄉下學校）。

7.民國—87年：桃園縣立石門國中校長（中山科學院高科技學校）

8.民國87—88年：桃園縣立永豐完全中學籌備處主任（籌設新學校）。

9.民國88—92年：桃園縣立永豐高中校長（全縣第一所完全中學，九十年改制為縣立高中）。

10.民國90—96年：桃園縣立壽山國中校長（城市學校）。

11.民國96—100年：青溪國中校長任內退休。

社會服務經歷：

＊民國六十五年經選拔當選中華民國成人棒球代表隊經理。任內曾參加一九七六年「國際業餘棒球賽」，獲得第三名。

＊興趣：油畫（臺灣省八十四年度公教美展，作品「閑情」合格入選，獲頒證）畫風偏於粗曠線條，筆觸拙重，色彩鮮豔大膽。

＊專長：西洋拳擊Boxing、棒球、硬式網球、四百中欄。

教育工作理念：

有教無類。只有學生問題，沒有問題學生，教育無他，只有愛與榜樣，絕對不能把學生分類，對待程度好的學生就如籃球「你爭我奪」；對待程度中等的學生就如排球「你推我送」；對待程度較差的學生就如足球「你踢我踹」。我期許行政團隊，每一位老師對待每一位學生都應如橄欖球般「緊緊抱住，送你達陣得分」。

退休後養生之道：有錢、有閒、身體健康。祝福每一位同學福、壽、康寧、平安。摘自桃園縣校長誌（九十六年九月廿八日出刊）

沈遠蓬小傳

政二一 沈遠蓬

我是兩歲時，由父母帶著隨政府來台，在聯勤被服廠眷村中長大，民國五十三年高職畢業，保送政工幹校，從此歷練了這一生。

幹校四年的學習，也是我最值得懷念的時光，小坪頂的入伍，屏東的跳傘，中壢的駕駛，每週的閱兵以及同學間的互動……等等，經常縈迴腦際，令人難忘。

五十七年幹校畢業後，我先後服務過裝甲一師、三十三師、第一軍團政戰部，母校學生班，八十四師、陸軍總部政戰部等單位，十年役滿，由於家庭因素，斷然轉任軍訓教官，又先後在宜蘭高職、教育部軍訓處、宜蘭大學等單位服務滿十八年，接著軍職外調，轉任退輔會國營事業單位公務員十五年，一直到六十五歲退休，在四十三年的職場生涯中，分別呆過軍、公、教三個領域，也讀過三軍大學陸軍學院、師範大學三民主義研究所等，但是，回首前塵，檢討這一輩子，讀書學劍兩無成，實在是乏善可陳。

但是，我永遠難以抹滅及由衷感激的，就是在民國九十九年夏天，一場大病，幾乎奪走我的性命，在昏迷不醒，病危垂死中，謝謝威國、漢國、錦璋、瑞華、信義等等同學們的關切、探視和協助，幫我死裏逃生，渡過死劫，（還有許多的同學，因為家人不知道大名，有所疏漏，實在是對不起），患難見真情，我要藉此機會，再次感恩。

也許由於劫後餘生的唏噓，也許出於上了年紀的必然，也許沒有也許，反正退休後的生活，只求平安、平淡、平靜，活著就是滿足，健康就是福氣，春有百花秋有月，夏有涼風冬有雪，若無煩惱成心結，人間到處好時節，的確，同學們為國家奉獻了一生，晚年該是享受了，如今倒是期盼我們在畢業五十週年的同學會上，大家再次重聚，同窗共燭，再話當年，不亦樂乎。

林正秋小傳

政三 林正秋

家係排灣族人，族名瑪法琉，道義勇（Mavaliutauyan）。三十二年出生於台東太麻里大王村，原住民加拉班部落頭目家族長子。小時候生長在偏遠地區原住民部落，當時過著沒有水電的日子，每天上山耕種地瓜、小米、餵牛、養家禽，生活非常清苦，根本談不上讀書。還好總算國小畢業，在家務農二年後，有機會升學考取初農。畢業後無繼續升學，受雇在郵局擔任臨時郵務士，月薪四百元，還好可以幫助維持家計。民國五十年考取高農（綜合農藝科），在校期間經常有本校畢業就讀政工幹部學校的學長們，如林士堯等來校演講、宣傳。同時在五十三年參加畢業旅行參訪復興崗，也是我第一次出縣外旅遊，是我最難忘美好的回憶。畢業後，下定決心報名參加保送本校，很榮幸錄取。五十三年七月間報到，在校接受入伍訓練，在許多風雨烈日下全副武裝匍匐前進戰鬥教練。務期在最短期間磨掉我們以往老百姓的習氣，練成軍人儀態和服從特性深印我心中，時至今日仍令我不禁回想起昔日小坪頂當年入伍情景。

在校期間同學取我的外號「山地人」，我非常認同也喜歡，因我本來就是山地同胞嘛；以身材、皮膚、健康、粗壯我願接受這個稱號，但「山地人」的稱呼，尚未讓同學叫習慣，四年很快就過去了。如今希望同學們不要忘記：有一位山地人的同學好嗎？

軍中服役十四年歷經營測，師對抗最辛苦做任務。在七十一年九月中校退伍，國防特考及格轉任公職十二年之久，八十年參加國中教師甄試，通過後至師大修教育學分，取得學校任教資格後，而後曾先後擔任組長、主任、校長等公職。軍公教之職務長達四十七年之久，期間參加救國團、童軍、後幹班等活動，獲獎無數。於九十八年屆齡退休，接著擔任社區發展協會理事長、部落會議主席、地方法院觀護人輔導志工，爭取經費設置青年會所及鄉土教育資源中心，成立民俗舞導團。努力發揚原住民文化特色及母語教學工作，經常性實施傳統技藝及傳承優美文化習俗研習會，為原住民文化貢獻心力，並設立社區老人日托關懷據點，照顧年老者生活與健康，犧牲奉獻並每年計劃豐年祭活動，為部落盡一步心力。期間也榮獲多次特殊優良楷模，模範表揚。在一〇二年榮獲臺灣省政府地方基層芳草人物表揚。

我認為行善可以不高調，但揚善不可以低調。大家都以七十餘歲了，別管老不老，作息要正常、身體保養好、生活有規律、每天有事做，就是最佳的防老策略。找回自己的時間，因為人生苦短，該好好的享受人生，利用人生做義工的心情重拾往日歡樂。

一事無成兩袖清風，但忙得滿心歡喜，樂此不疲。最重要的就是讓自己輕鬆自在，休閒活動和相談甚歡的朋友都是不可少的，歡迎來台東一遊。同時也祝大家健康長壽百歲也。

分享退休樂活生活

政二　吳信義

民國五十三年，高中畢業那年，考不上；也讀不起大學，為了逃避當兵之苦，也為了圓大學夢，只好進了軍校，讀的是乙組，參加軍事聯招，考取政工幹校（政治系），如今回想起來，這樣的選擇確實改變了我的一生。

軍旅生涯，在部隊服務四年後，有幸輪調返回母校復興崗服務，從此在安定的學校環境工作，這是當年在部隊，大家夢昧以求而不可得的機會，往後有二十三年分別在政戰學校及臺灣大學擔任隊職及教職，一路走來身為人師、經師尚能勝任愉快，尤其在研究班教學八年、在臺大教學兩年都具有挑戰性，更能體會教學相長的真義。一轉眼今年退休邁入第十九個年頭，在民國五十三年入伍將屆滿五十週年的今天，同學發起人人寫一篇小傳，分享退休生活的點滴，樂以為文。

其一：終身學習，樂此不疲。

士林社區大學是全臺北市最早成立的大學，因就地緣之便，先後修習汽車修護、命理與堪輿、心靈哲學，其中後者選修長達七年，對身心靈的提升，獲益良多。民國九十三年士林樂齡老人社區大學開班，在高島屋旁，我參加國際標準舞初級、中級、進階班，略有基礎之後，又參加東湖、中山市場、士林公民會館舞班，如今已將跳舞視為運動、娛樂消遣，一樂也。

其二：參加社團，廣結善緣。

臺大退休後，分別參加臺大教職員退休人員聯誼會、臺大登山會、臺大聯合服務中心志工十年，另參加每月一次健康長壽早餐會，長達二十八年，擔任中國全民民主統一會秘書長，至今十三年，參加臺北佛光山教師分會，已有十幾年，早期每年均參加全國教師生命教育研習營，這些年只參加佛學夏令研習營，每年都前往佛光山禪修。球隊的聚會、牌友的相約、臺大登山健走、同學相邀歡唱……都增添了生活的情趣，全統會經常受到大陸邀請，與會長曾多次組團訪問。唯活動一多，時有分身乏術，應接不暇的難處。

其三：健走運動，持之以恆。

從年輕就喜運動，初高中時天天在單雙槓下健身，練得如今腹肌結實，標準扶地挺身，如今仍可輕鬆做完十下，在學校晨昏與學生慢跑，訓練體力，而後迷上網球、羽球、高球，這是近三、四十年來的戶外活動，退休後，每天晨起及下午快步健走，一天二至三小時，持之以恆，堅信走路是最好的健身，亦是保持體力及身材最好方法。每天於住家附近雙溪河濱公園及芝山公園環山步道健走，當成功課，是最為快樂的時光，健康是要經營的，年老更要有健康的身心！

其四：家庭主夫，採買做菜。

因比內人早退休十五年，當時承諾包辦家務事，包括採買煮飯，這一工作不因內人退休而休止，家務事變成每天的公事，如今亦能駕輕就熟，能帶給家人高興「做飯」。想吃什麼有主動權，一利也。話說回來，因參加活動太多，每週做飯經常缺席，不是很負責的家庭煮夫。

以上拉雜瑣談，意在表達退休生活一二，樂以分享好友。

二〇一四、二、七

黃俊男小傳

政二一 黃俊男

世居苗栗銅鑼鄉，由於父親工作關係，余出生在臺中谷關溫泉，臺灣光復后，回到銅鑼鄉下，完成小學教育、初、高中於苗栗大湖鄉就讀。民國五十三年高中畢業時，有幸保送投入復興崗懷抱。五十七年秋分派海軍服役，歷練一、二、三級軍艦、艦隊司令部、後勤司令都、第四造船廠、潛艇艦隊導等政戰職務。六十八年有機緣隨海軍敦睦艦隊訪問新加坡，記憶特別深刻，軍旅生涯歷廿一年，旋即退伍（解甲歸田）。目前定居台南。

傘兵不老，老兵不死

政一　傅桃華

軍旅生涯，一生願以兩首歌詞表達。

傘兵歌（本期男同學均身歷其境）

「看朵朵的白雲點點的流星，飄盪在美麗的天空，我們是三民主義新中國的傘兵，為著民族的生存，國家的和平，我們要結成一群活的長城，向著這個目標前進，嚴守紀律，服從命令，奮勇殺敵，不惜犧牲，我們是三民主義的傘兵，我們是新中國的傘兵。」

老兵（花謝了會再開）

「飄揚的旗幟，嘹亮的號角，戰鬥的行列是他快樂的家，一心一意熱愛祖國，更把那生命獻給了他，道不完南征北伐的往事，數不盡一生光榮的傷疤，那怕白了少年頭，報國的心意，就像一朵不凋零的鮮花。」

傘兵到老兵，不老到不死。回首往昔，無風無雨，無起無落。

正如禪宗高僧廣欽老和尚所言：「沒來沒去，沒什代誌」。而我古典文學名著「三國演義」的作者，羅貫中引用明代楊慎在《臨江仙》詩詞所說：「是非成敗轉頭空，青山依舊在，幾度夕陽紅。」「一壺濁酒喜相逢，古今多少事，都付笑談中。」

兒在前線

影劇系　黎　興

高中畢業，立志報考軍校，四年養成教育後，慢慢才瞭解「為天地立心，為生民立命，為往聖繼絕學，為萬世開太平」的要義，對「養天地正氣，法古今完人」以及「人生自古誰無死，留取丹心照汗青」的豪情壯志，有深一層的體會。這證明了軍校教育是成功。

時光荏苒，歲月不待，這已是四十五年前的往事了，記得剛畢業年餘，部隊調防金門前線，當年兩岸情勢緊張，國軍隨時準備反攻大陸，我第一次離鄉背景來到金門前線，安頓之後，即先後修書兩封，稟告雙親大人，以免老人家掛念，今願回憶分享。

家書（一）：

爸媽：您們好！當您們收到此信時，孩兒已在金門前線一段很長的時間了，基於軍事機密，遲到今天才修書，那天艦艇離ｘｘ港，兩小時後，四週已是水天相連，陸地消失了，我們在海面上航行一天一夜，風浪高達八級，竟然沒有暈船，真是天祐我也。當踏上這舉世矚目的小島～金門時，心中的興奮與激動，難以筆墨形容，滿腔熱血在沸騰，在駐地遙望大陸故土，眼看錦繡山河，淪入共匪手中，痛心疾首，想到苦難中的大陸同胞，不由得義憤填膺，心裡感慨萬千，記得讀宋鄭之詩詞：「花柳有愁春正苦，江山無主月空圓，淚如江水流成海，恨似山峰插入天」這正是我當時的寫照。

不到金門不知道金門的壯麗，不到前線不曉得軍人的偉大。如今我才能深深體會到，在此地的軍民同胞，人人敵愾同仇，枕戈待旦。盡心竭力為保國衛民而日夜備戰。以前在臺灣沒有如此感受，今天我加入這偉大神聖的使命，爸媽應為孩兒驕傲並引以為榮。我時刻牢記國父說「以吾人數十年必死之生命，立國家億萬世不朽之根基。」人，誰不怕死？但當你領悟了活著的意義及人生的價值時，你將會勇於死、敢於死，甚至樂於死。在書上看過一句話：「我一生中最遺憾的是「我只有一條生命，為國家而犧牲。」這是多麼發人省思的話。我來到前線，自己成熟許多。常掛念家中每一個人，希望能常常收到家書。何時可以回臺省親？最快是年底或明年初。這裏天氣很冷孩兒會照顧好自己，請勿掛念。並祝全家安康！

興兒敬叩於五十九年一月十四日

家書（二）：

媽：剛接獲您的來信，欣喜萬分，興奮之情，非筆墨能形容之。得悉家中人人均安，甚慰！一直咸認有世界上最偉大的母親，秀外慧中，相夫教子，比起孟母、岳飛母親，您是毫不遜色，若論才與貌，則有過之，我何其有幸？若日後娶媳，德行與才貌能及您一半，於願足矣！然天下之大，如此淑女何處可求？國父革命是行仁，亦即林覺民先烈所說：「助天下人，愛其所愛，為天下人謀永福也。」我之稍有人溺己溺精神，亦是平日得自您的教誨與薰陶。文天祥成仁前，於腰帶上書云：「孔曰成仁，孟曰取義，惟其義盡，所以仁至，讀聖賢書，所學何事，而今而後，庶幾無愧。國家興亡匹夫有責。」人人都應以天下為己任之大志，求其仰不愧於天，俯不怍於地自勉。人人抱此壯志與決心，何患共軍不滅，復國不成？自古以來，邪不勝正，天道不常晦冥，終有青天白日之時。以天道人事驗之，中興迫矣！

戰地屬大陸性氣候，寒暑至為明顯，現正值天寒地凍之時，我已備妥禦寒之夾克、衛生衣褲及熱水壺，衣服已夠穿，不必再寄來羊毛衣，爸媽可省下錢買些補品，下個月會匯款回家。

金門氣候比台灣寒冷，前些日子室外溫度只有攝氏二度，寫不了幾個字，手即凍僵，一分鐘至少要搓兩次手才能落筆，很想念家人，常在入夢中相見。無論值勤、查哨，我都會膽大心細，照顧好自己，請釋遠念。為國、為家我更要珍重。外面風大，吹到臉上有如刀割，孩兒於碉堡內秉燭修書，別有一戰鬥詩味，此意境之領略與感受，豈常人能體會？祝福您及家人平安！

興兒於六十年一月二三日金門前線

曹允斌小傳

小時不學好　知禮不達意
走入軍旅途　才知苦勞勤
計較斤量道　看盡人百態
身無是非上　平安樂道為
回家守家園　佛祖帶阿門

政三　曹允斌

憶舊懷仁

政四 劉剛

遭霸凌後又被關禁閉，還被打斷大門牙

民國五十六年在學校第八隊三年級學生時，有一天十三期學長夏○源，叫我第二天早上起床號後私下幫粱○悌，將蚊帳拆卸後收起來，以便粱學長晚上與女朋友約會後，半夜不回到學校來夜宿。當天晚上我的直屬班長王○田，又將我叫到身邊，用命令及半挾迫方式叫我一定要幫粱學長拆卸蚊帳，如果有人問到就打死也不承認，一切已經安排妥善，應該不會被隊上長官發覺，如果不幹一切後果由我一人承擔。

第二天我就乖乖順從的照著指示，一起床先拆卸收妥好粱○悌的蚊帳後，再將我的蚊帳床鋪整理好，一切也如班長說的那麼順利無事，一直到四年級學長畢業了都沒事。

三年級要升四年級在暑訓期間，有一天我們八隊訓導員胡○惠，叫我到他房間追問我拆卸粱○悌紋帳的事，是不是我幹的，我心理認為當事人已畢業，

直屬班長又交待過打死不承認就不會有事，我當然不承認有這回事，幾回追問無果後，訓導員就說要關我禁閉，直到我承認才放我出來，馬上就送我到禁閉室收押禁見，我心理是豁出去了，反正不承認就是不承認，訓導員拿我也沒辦法。沒想到第二天就有幾位同學到禁閉室來將我接回隊上，說沒事情了。我可是白白坐了一天禁閉室，長官不追問我也就自認倒霉算了，只是我一直到現在都沒敢問，一向精明幹練的臭蟲隊長，知道不知道這件冤獄案，心裡想事情過了再追問也彌補不了，遭學長霸凌用一日禁閉消災吧！

禁閉室出來後，隊上有好幾位同學，分別先後的向我說：這件事發生完全是隊上王○森同學打的小報告，他還要脅隊上長官不處理就馬上向上級反映處理；但我對每一位來向我說的同學回稱：王同學是我二、三歲小時候在花蓮北埔卡萊灣的玩伴，他一定不會做這種事情的；沒想到事沒隔幾天，隊上全體同學正在做班級出操訓練，王○森同學突然站到我的正前方，質問我：你為什麼到處向同學們說是我打的小報告害你關禁閉，沒等我開口解釋，他就一拳擊中我的嘴，害我大門牙根斷了二根，嘴巴腫的像豬嘴一樣，當場身體後仰跌坐在地上，當我站起來，王同學早已不知跑到那裡去了，等我將傷口用清水沖洗乾淨後，心想這也許是我欠他的一拳吧，算了，不再追究，如要追究，到何時才了呢？（四十幾年整治牙齒醫療費用前後，就將近花費一百多萬元，也算是欠債吧！）

江◯滋同學小孩結婚時，安排了我與王同學同桌用餐，王同學曾經當面問我：劉剛，你還記得當年打你一拳的事嗎？我回答還是那句老話：你還記得我們小時候在卡萊灣玩伴的事嗎？當時我的心情非常沉穩安靜，一點也沒有報復討回本的念頭。回到家自己想想也覺得很奇怪。這就是我在軍中近三十年的處事原則：不爭、不諉、不計、大事化小、小事化無，平安度日就是幸福。

因限於篇幅，還有前民航局長張◯政、前行政院長唐◯，在我空軍仕途中，是如何的關愛照顧，有機會再向各位同學報告。

蔡英雄小傳

政三　蔡英雄

一生自感平平，無特殊表現，所以一直沒提筆，經錦璋兄熱誠再三催促，才開始思考我的過往。

我出生自苗栗縣苑裡鎮，依族譜記載，是來自福建省泉州府南安縣，屬泉州移民，至今已一百六十餘年，傳至我已是第六代。

高中時與建峰、勝利、慶祥是同班同學，當年建峰母親在被服廠上班，因此他放學回家要煮飯、理家樣樣自己來，我常到他家打牙祭，他個性溫和、熱心負責、實在，是位肯上進、有為的好青年，六十三年得知他仍未婚，於是介紹當時我在工校的同事，二人因此相識，至今見面或電話聯繫時，他們還叫我媒人公。

幹校畢業後，到步校初級班，結訓後與水生、榮川等一起赴金門任排長，初到金門因天冷，晚上得花二十元向居民買一桶熱水洗澡。吃飯時發現飯裡有很多米蟲，很不習慣便一一挑掉，等我挑完，菜也快沒了，後來想想米蟲也是吃米長大的，就不挑了。

部隊輪調返台，曾到工校帶技勤班、預官班。六十四年調特戰部隊。六十七年元旦升中校。六十八年中壢事件後，因改制調到成功嶺帶大專兵及新兵。七十年到金門花崗石醫院，那是花崗岩石山，工兵炸山開鑿而成，有三百張病床，廿四小時空調，每天看到病患、意外感受很多，人生何其短暫，身體要顧好，才有本錢享受人生。看到醫護人員，每天常到福利社買麵包、飲料準備上小夜班、大夜班，因此交代廚房人員買新鮮海蚵（石蚵比台灣的小）、芹菜煮稀飯，或豬肉罐頭煮麵，於晚點名後吃宵夜，可吃可帶，寧可福利社不賺錢，也要讓醫護人員半夜不餓肚子，可以安心工作，服務病患。

參加國防部參謀考試，有機會到國防部服務，曾承辦金馬自衛隊多次來台參加國慶閱兵。七十三年元旦與華淼兄等升上校，有幸與牧群、利生、賢生分配到婦聯會所贈送在中壢之職務官舍，因小孩長大房間不夠住，七十六年才搬到平鎮現址。

離開國防部到陸勤部工作，剛好與錦璋兄共事，我主管政教工作，爾後到空降旅當主任，那是一支非常優秀的菁英部隊，參加國慶閱兵，多次全國戰技測驗第一名。七十九年退休，到環境優雅、空氣清新、綠草如茵的高爾夫球場工作，至今一待就是二十四年，九十九年五月滿六十五歲時二度退休。

我有三個女兒，大女兒曾是美容師，二女兒是醫檢師，小女兒為護理師，他們很孝順、很貼心，均已出嫁，大外孫女也已讀大學。孩子們的媽也因大腸癌離世。小孩與外孫假日會回來與我團聚，平時用 Facebook 或視訊與他們聯繫，感謝朋友們用 line 分享很多好文章、笑話、影片，讓我度過美好的每一天。為打發時間，好天氣時仍回球場上半天班，下午回來睡午覺，整理庭院花草，與鄰居到公園散步聊天，日子也過得安穩自在。

二度退休後，每天平心靜氣過日子就很滿足，願同學們每天都愉悅健康。謝謝錦璋兄的鼓勵。

藝術系素描

藝術系 張清民

人生也是一幅畫，白色的畫紙（板）上，每個人各自構圖人生自己圖案。畫上線條，配上顏色，寫實、寫意、抽象，濃淡遠近隨自己發揮，國畫、西畫任君選。最後呈現的是：有高、有低、有明、有暗，到人生的終點站時也完成了您的人生作品。

民國五十四年九月，我們這一群復興崗十四期的新生來自全省各地，經過二個多月入伍教育訓練，於十一月三十日編入學生班各隊。編在藝術系的同學有：王阿麗（後改名王淑靜）、王蜀禧、湯新亞、張渝華、張榮芳、趙平容、梁慧珠（往生）、王有才（後改名王藝）、王景浩、邢萬齡、李耀宗、陳嘉峻、張清民、葛勝利、謝世經、朱文森共十六位。第一學年結束後，朱文森轉政治系，苗延芳轉來藝術系，加入林幸雄、何嘉雄，班上八位女同學，十位男同學。

藝術系美術館坐落在曉園，復興崗最美麗校園。青草如茵、綠樹成林、荷塘碧波、垂柳搖曳、小橋流水、木板碼頭橫亙池中，景色怡人。系主任梁又銘先生，教授：梁中銘、林克恭、傅捐夫、邵幼軒、郭明橋等先生都是畫壇大師，金哲夫、李奇茂、鄧雪峰、方向、郭道正、魏立之、林木川等學長是母校培養優秀傑出藝術人才。我一個從南投集集鄉下的憨呆小孩，能在此學習受教深感是上天莫大的恩賜！

進入藝術系的同學，都是經過術科測驗通過錄取，有的同學已在這條路上很優秀表現：王景浩墨竹、林幸雄山水、王有才漫畫、何嘉雄人像油畫，其他同學也都具有繪畫資質。政戰學校藝術系是已故戰史畫家梁鼎銘先生創辦：以宣傳愛國思想「藝術救國」抱負，奉行政教、唯美、實用精神，以形、神、法合而為一的教學方法。培育軍中美術人才。梁主任入學訓勉學生：「政戰藝術系培養的學生，不是要成為普通畫家，而是要成為軍中戰鬥文藝工作者」。在校期間修習素描、水彩、油畫、山水、翎毛等學分外，則重於文學校沒有的人物速寫、漫畫、水墨人物課程。期能畢業後能肩負起文宣、心戰等工作任務。梁主任常鼓勵我們習畫練畫要「九修一罷」，不斷修改精進，磨練繪畫技巧純熟，而後才能創作走出自己的路。

畢業後十八位同學背起行囊和畫板，勞燕分飛，數十年蒼海桑田，人生已到夕陽西下黃昏時節，藝術系同學還緊握畫筆不斷耕耘者：王景浩、林幸雄、張清民、何嘉雄～～。班上花木蘭個個美女，當時追求者眾，可惜月下老人都沒牽成。離校後很快都結婚成家，大部份都失聯。

每個人彩繪自己人生的畫都將完成，有的是色彩絢麗油畫、金壁輝煌唐卡、淋漓灑脫水彩、人文氣質水墨或寡寡數筆寫意。一個人一生給自己完成的唯一作品。

月圓是詩，月缺是花，仰首是春，俯首是秋！

生命本身只是一次單程的旅行，復興崗藝術系短短四年，卻是改變人生最重要的轉捩點，有幸在這麼幽美環境學習，受到這麼多良師教誨，而改變了我人生的色彩。心中時時存著感恩，感恩四年朝夕相處的同窗，感恩師、長、國家的栽培。

後記：看了信義兄「人人撰寫小傳有感」，新聞系、音樂系～～都有撰文介紹，藝術系同學個性較內斂、保守、低調。在校時藝術系同學關在美術館裡，他系同學也不易瞭解。再撰文「藝術系素描」以襄盛舉！錦璋兄、信義兄辛苦了！敬請賜教！

林威國小傳

政一　林威國

林威國、福建省林森縣人、三十三年五月二十日生，政治作戰學校十四期畢業，歷任陸軍航空指揮部主任、後勤司令部兵工署主任、介壽館保防指導組長、國防部總政戰部處長等要職。八十五年七月一日，少將外職停役奉派至行政院輔導會任政風處處長。後擔任行政院官兵退除役輔導會處長，九十二年七月一日，轉任投資事業——榮友公司（榮民製藥廠的關係企業）董事長；同時擔任榮工處的董事以及泛亞工程建設公司的常駐監察人。

九十六年七月一日退休

山訓歲月蘭花的追憶

政一　張詩貫

民國五十三年高中畢業考進政工幹校，時光匆匆，已過了半個世紀，從一個年輕小伙子，到了可以拿拐杖的年紀；前些年同學會還送每位同學拐杖呢！正好派上用場。

在軍旅生涯（含幹校四年）三十二年中（曾經二次駐守澎湖、一次金門、一次馬祖的外島生活），此期間有順境，也有低潮過，但一路走來，盡忠職守、克盡職責，始終如一，值得回味的事很多，但以「山訓歲月蘭花的追憶」最值得懷念，因此就以此文，做為交差之作。

民國六十四年四月五日先總統蔣公崩逝，舉國同悲，台中谷關陸軍山訓基地接受山地作戰訓練的一群主要幹部，甫從合歡山下山，與指導山兵作戰訓練德籍教授考芙曼，在基地前合影留念。每個人軍服右口袋上沿均掛著黑紗布，而德籍教授考芙曼在他的左袖上也掛了黑布，以示對這一代偉人、三軍統帥、國民革命軍之父蔣公，表示致哀之意。

這段陳年往事，從木箱子裡找出照片，讓人又將時光隧道追溯到四十年前彌足珍貴同甘共苦、共患難的場景，而今照片上的人都已離開了軍中，而在此接受山地作戰訓練的阿兵哥們，也都六十好幾了，有的當起大學教授，有的是大老闆成家立業子孫滿堂了。

眾所周知，陸軍谷關山訓基地，是國軍山訓作戰訓練基地絕佳場所，在此處接受訓練數以成千上萬官兵，而在民國六十三年，我這個部隊奉上級訓令，要完成「進德案」編組，訓練重點在加強山兵營山地作戰訓練，並針對以往訓練的缺失，加強單兵、伍、班、排之戰鬥教練，及實施加強山兵營戰術營演習，以提高幹部之戰術素養和因應將來作戰任務之需要，當時並接受陸軍山寒中心訓練及督考。

「進德案」的編組一個營兵力由五百多人增編到一千零三十一人，山地訓練體力消耗甚鉅，師部因此把年長老士官先調至別營，全營官兵清一色為精壯陣容。

這一項長達八個月訓練艱鉅任務，由於部隊幹部都能全心全力投入，部隊官兵大家也都能刻苦耐勞、同心協力，八個月下來沒有人逃亡或重大意外事故發生，現在回憶起來，足堪告慰。

在那個年代，請德籍教授來指導山兵作戰，主要考量是德國多山且主要參與二次大戰，有實戰經驗，據瞭解德籍教授其和蔣緯國將軍交情深厚，因此，邀請這批人來指導，每次演練、講評，都有翻譯官隨行擔任德語翻譯。

在接受山兵訓練期間，歷經「蘭花」等各種演習和訓練，當時擔任陸軍副總司令郝柏村中將和三軍大學副校長蔣緯國將軍，都曾親臨中部山區指導和講評。

「蘭花」演習是將訓練成果推向最高峰，也是訓練成果總驗收，當時我投稿軍團忠誠報，在民國六十四年三月三十一日以第一版頭條新聞刊登，全文如下：「（本報訊）一項顯示山地作戰與平地作戰異同的「蘭花」演習，於二十六日上午八時三十分在中部山區展開，副總司令郝中將及部隊長袁中將等高級長官均蒞臨指導，陸軍各部隊代表三十餘人亦曾參觀是項演習。

這項為尋求正在實驗中的山地步兵營之編裝，是否能適合於未來的山地戰鬥戰法，是由陸軍山訓部隊擔任，演習過程中由於各級幹部及全體官兵之訓練精良，致使演習全程圓滿成功，副總司令甚表嘉許，並代表總司令致贈加菜金五千元。

副總司令於演習後，訓勉各級幹部，要不斷加強研究山地作戰戰術戰法，俾能遂行將來山訓作戰。

演習全程歷時八小時結束。

旁邊並附刊登演習照片。

演習結束之後，部隊又進行其他任務訓練，阿兵哥役期到了也先後榮歸故里，過了將近半年部隊整補後開拔移防金門前線，主要幹部因部隊歷練，也都先後調整職務或晉升，唯在四十年後的今天，也全都離開了部隊，現在回想起來那段八個月刻苦銘心山訓的日子，不畏艱難，經常在山上露宿，足跡跑遍台中縣、南投縣各大小山脈，也算是人生一段難得的經歷。

郭銘雄講家己

政三　郭銘雄

自畢業分發迄退伍，凡二十七年，均未越隸陸軍藩籬。此期間，服職單位計有：257師、284師、193師、109師、333師、步校、澎防部、八軍團、六軍團後指部、軍醫署、陸總福利處；浸歷輕重裝野戰部隊、戰鬥支援部隊、戰鬥勤務支援部隊、機關學校、醫院監獄（泰源）。陸軍層級：排長、連營輔導長、團旅處長、軍師科長、軍團組長、師級正副主任、總部處長，無不役與，循階序進，（曾兼後備政戰四總隊長，辦過兩次點召），任程或長或短，皆投注心血，戮力職責，紮實的工作經體驗，惠助我人生匪淺。

陸軍性本徙動，敘就單位既多，又長處野戰，移居駐練的營區累增，兩度金馬，戍守過大金門、南北竿、東莒孤島外，本島更有：台東（知本、蘭嶼）、花蓮（北埔）、宜蘭（金六結、北城）、台北（關渡、林口、淡水古堡）、桃園（龍岡、龍潭）、彰化（北斗、埔尾）、雲林（大埔）、嘉義（中莊、內角）、台南（四分子）、高雄（鳳山、旗山）、澎湖等縣。加諸業務督訪、演習裁判，跋涉更廣；或輪車履次，或徒步勁行，或借助漁家小舟，沿崖壁、臨海濱、上山巔、入涵穴，進過不少海防哨所，津要據點，親覘缺水無電的簡蔽茅寨，感受守土衛疆基層官兵的艱困苦悶，窺探過現代化堅強戰堡的厚實戰力配備，唯良窳殊懸隱憂長存。基緣於此，賞覽了南北迥異的旖麗風光，東西天然的山水美景，領略了地情民俗，參悟了生老病死，豐盈的見聞，蓋長踞陸軍的辛勞回饋吧！

漫漫軍旅，除教育訓練，折衝官兵，貫徹指令乃常日職司外，成果驗收的演訓測驗，自屬必要。參與各類型演訓，本外島移防外，小自連營測驗，中跨師旅對抗（長勝、長興、聯強、鼎興、光武等），大則三軍聯訓的漢光演習，國慶校閱的國光演習，嘗盡了計劃準備，實質操演的苦果，與夫任務完成的榮樂，澀酸苦辣甜的陳雜滋味，斯如也。畢竟軍校愚忠教條和政戰信約，燻染了懵懂心靈，奠就居其位而盡其職的理念，只知耕耘的忠誠勤敏績著，也換得了些許勳獎鼓勵，有忠勤勳章、保舉最優獎章、陸軍莒光個人楷模獎狀、陸光獎章、金甌獎章、弼亮獎章、景風獎章、寶星獎章，共計16枚，是平日血汗累積，區區榮典雖非豐偉功亦不值錢，對窮家子弟的我，仰可慰下可典矣。——彙存一生獎懲令輯成「我的功過」集典藏。

憶及軍涯，住過碉堡、睡過墓地、飲過純釀、喝過溪水、守過孤島、進過堂宇，神仙老虎狗的沉浮滄桑，跌撞中因個人的作為，烙印了些許難泯的點滴：

△下部隊即被派任小營站兼售貨員直幹到福利處長的是我

△偷渡相機赴金、分批輪次帶兵遍遊浯島、攝影留念的是我

△馬祖返防、王大將親視表揚並令責忠誠報專訪福利成果的是我

△研究班學員參與演習裁判，獲裁判講習測驗第一名為校爭光的是我

△致使研究班三十七期後學員，須簽具結業後仍得服役一年以上的是我

△收到退伍行政令，被主官親赴家中取得父母同意留營書而遭註銷的是我

△大部隊移防外島，由非主官的政戰中校任梯隊航次指揮官的是我

△龍蛇雜處，軍事為主，政戰冷凍庫的步校，脫穎獲得保舉最優的是我

△甫升上校即被誣參諮議，長官信保，遂得以逐次遷任要職的是我

△參與改善「澎湖越南難民營」的難民生活環境設施並做簡報的是我

△造就南部干城食品廠經營奇蹟——從求派 3/4T 車隔日送貨到自購三部載卡多廂車，每日三線供貨頂鋒營運的是我

（報載經國先生秋節以干城月餅與黃魚贈其親家俞大維先生最經典）

△創陸軍軍官俱樂部（旗山軍團）首座供十二人份使用現場鐵板燒的是我

△持有六龜育幼院無臂孤兒楊恩典（十二歲時）足書「恩雨降臨」謝軸的是我

△親赴立法院提報士兵殺死民婦懸案而當場宣告結案的是我

△七十八年三民主義講習班親對所屬官兵講述二二八事件的是我

△講習班或點召教召不播八股教條影帶，改看京華血洗錄的是我

△呈文拒赴副供站採購副食，驚動國防部調查而改善貨源的是我

△北中南有副供站傳頌，「只要有xxx人到就有好副食」指的是我

△捐薪投設全軍頂尖卡拉OK俱樂部供病患療傷卻被欲加之罪的是我

△結婚三天即負箱囊，帶兵遠戍馬祖東莒孤島的是我

△奉國防內政指令改名為「郭銘雄」的是我，郭明雄就是我

不伎不求、不卑不亢、嚴肅執著，向為軍事長官器重，類科所擠兌，順遂中自有橫逆，橫逆中自有撕裂，無情的拋擲，絕義的割置，愚忠的思想豁然頓悟，原來「全力為官兵謀利，設法改善官兵生活，解決官兵問題，堅定官兵思想……」等等政策、教諭、手令、指示，都是藏匿陷阱的口號——誰叫你認真！證諸今日，往昔諄諄耳提，威敞面命，時刻不忘囂嚷「忠黨愛國、仇匪恨匪」「為誰而戰、為何而戰」的高官大員們，退後卻競相奔勞於竊國毀家，誓不兩

立的敵人席宴上，奴顏婢膝，乞憐求食地吃香喝辣；投身在殺親賊產，仇不共戴天的匪寇懷抱裡，忘恥諂媚，承歡逗樂的共度良宵，斯景此狀，怎不令人浩嘆！我等何其蠢，彼輩又何其偽劣！蔣校長萬歲了，黃埔精神可葉落歸根矣，復興崗精神焉能羽化？！幸我及見，悟亦未遲。

退受月俸，儉約夠用，唯尚健壯，閒散蠹生，又不志公職，經介某精密公司，由專員而行政部主任，係家族企業，酉多矛長，無以著力而求去，與友合營除塵布與魔術毛巾，本小難拓，值老友誠邀助其投創而退轉。大陸設廠獨我台籍，皆得引借地方人力物力，倍極艱辛，從起房到產銷，一路苦楚，非言能喻。幸賴軍旅堅忍毅力，階段性任務完成又身心俱疲，懇辭回歸，有那段「老總」職銜身份，得深體中小型台商寄人籬下創業的不易，也目睹了財大氣粗，垂肩踵門，以大吃小，自相競殺的商場帷幕，更窺透了人治國度的種種作態氛圍，謀事不如謀人的潛在要則。

鶴居僻靜小鎮，陋室瓢飲，怡情自得，餘暇投入脊髓損傷者協會與日照中心志工行列（非義工），寫、講、推、舉、搬，只要我行，文武概不辭就。學會蠶絲被製作、脊損原因並作宣導防範、老人照顧等常識，不無收益。逢萱堂年高失智，適得陪侍照應，間或剔荒蒔花植草兼作環保。忽攸十年，老母健在

（齡高九十七），兩協會堅實活絡，花園繁茂榮欣，鳥語花香，蜂蝶頻舞，遊徜其中，謐逸愜意。（曾得地方績優志工，孝悌楷模，平面媒體專訪環保志工之表彰）

入伍五〇週年，舉頭屈指，已是古來稀／才開始的耆老歲數。退伍廿年後，回想半世紀的時光歲月，如夢如幻真有感懷，官場起伏，事業成敗，終得歸一，無庸論就。最珍貴的是懷擁了無數的友誼：同學、長官、部屬，頗多往來交誼，這是純真誠摯的互信交織，時日愈久愈馥郁，同學不名而直呼小胖的死忠兼換帖，串佈全島。前歲已逝，遺年難定，不嗜吃不好玩，只想握機做想做的事，看想看的書，古書典籍、台灣血統與近代史、開卷有益的都可入眼。近採彙古怪竝體字和台灣語字源，真入味——原來台灣話既古老又古典，且源遠流長，「卜勿是有聲無字、是咱無讀，字真秀，婿到互人會誶問訕」，暮年駭醒，又得知母語之原生美，不枉憾復將何求？子女六人，各有業就展途，飼育之責圓卸，爾後但求適性生活，況身為「獨腎」之人，更當「慎獨」而已矣。

郭銘雄自撰　二〇一四、六、一〇

※入伍同班、鄰舖、導師兼密友的錦璋兄連下三道手令，催促襄贊，急筆草就，貽笑莫譴視為生日夢粱吧！

王福財小傳

政三 王福財

有人說人生是一本書，那是一本一輩子都讀不完的書，如果你要隨便翻一翻，一下子就翻完了，毫無意義與心得，如果要仔細閱讀它是充滿血汗與淚水，可惜我已經進入暮年，卻尚未完全看懂。

從民國五十七年與兩百多位朝夕相處的同學闊別後，行將近五十年，除了少數幾位因職務或工作關係的同學偶爾見面，其餘就僅能在同學錄回憶與祝福，分享餘榮，聊表安慰。

近五十年來，我的人生就像心電圖一樣，雖然有上下起伏但波動不大，既無爭城野戰之役，亦無斬將搴旗之功，可以說是乏善可陳，事實上無法向同學交待，所以一直遲遲不敢動筆，承蒙錦璋兄的熱忱所感動，賜給我從新提筆上陣的能量，所倖只是小傳！

民國五十七年學校畢業後，每位同學像野馬一樣各奔前程，亦無暇回顧，而我的人生旅程則幾經轉折，大概可分為四階段，第一階段係本行軍旅生涯，時間為民國五十七年到六十九年，大約十二年的時間，這才是我的正業，與其它他同學大同小異，從基層到旅級職務的歷練，唯一值得懷念的是在旅級階段中，難得與老同學江鴻洲及蕭周順重逢共事，殊屬難得，也特別珍惜與回憶，此外，更難得的是在民國六十年有機會到心廬充電，雖然僅僅兩年的時間，卻是改變我以後幾十年命運的轉捩點。兩年畢業後分發到心戰總隊，先後在馬祖及金門廣播電台電台服務。期間又逢李正盛同學，時任馬防部監察官，三天兩頭到電台視導，也可以説是他鄉遇故知，聊解遊子思鄉心情，一年的時間過得特別快。接著到金門廣播電台服務，又逢金防部捕狗隊長章賢生同學，時任憲兵營長，在他的庇蔭下輾轉一年又過去，韶光易逝，特別感念！民國六十九年有機會轉行軍訓教官，進入教育界作育英才，這是我人生第二階段，從六十九年到八十五年整整十六年的時間，或許有人説當教官是穿軍衣的老百姓，也有人説是一種逃兵，我則不以為然，因為教官不僅是作育英才，更重要的是將朽木雕成棟樑，它是安定校園的中流砥柱，是支援前方的盤石，是幕後英雄的角色，它的任務是神聖的，這項工作我樂此不疲，勝任愉快，所以由初任主任教官、軍訓督導、總教官等職務，也改變一般文人對軍人土包子不學無術的刻板形象。

民國八十五年總教官屆退後，承蒙校方董事會不棄，懇切留校察看一年。民國八十六年轉任退輔會服務，直到民國九十九年限退，長達十三年的時間，這也是我人生的第三階段。這個階段的主要任務是照顧昔日勞苦功高的戰友，是一種崇功報勳的心情，使他們老有所終。期間由基層的榮服處到榮院，均抱持服務的精神與態度，也在輔導會錦璋長官的鼓勵下，工作勝任愉快，深深體會到施比受有福的真諦。

前述三個階段每階段的文化背景均不同，各階段所扮演的角色迥異，所以必須經過調適才能適應，所倖革命軍人的本質不變，只要抱持復興崗四大服務的精神與理念，均能迎刃而解，勝任愉快。

九十九年輔導會退休，正式步入人生第四階段，此時也已進入耳順之年，抱持採菊東籬下，悠然南山行的心情，一則協助內人繼續經營泉怡釀酒實業有限公司，再則輔導兒子經營泉鑫工業有限公司，前者為祖傳產業，主要生產甘蔗酒、金線蓮酒、洋蔥紅酒及梅酒、大蒜酒等一系列養生健康酒為主，目的不在營利，主要是應付昔日老客户的需求，亦可藉此以酒會友其樂無窮。至於泉鑫公司係因兒子本身學機械專長與興趣，主要生產節能通風球及安全逃生窗為主，兩公司規模不大，只能以守為攻，穩紮穩打，不敢過度奢求。至於我個人本業則是名符其實的解甲歸田，園丁兼場長，藉此強迫自己養成勞動的習慣，進而達到養生強身的目的，所以雖然形式是退休，其實是退而不休，加上製酒公會、地方廟會、社區長青協會等活動不斷，可以說是天天忙忙碌碌迷迷糊糊的一天過一天，真有不知老之將至，誠如昔日證嚴法師所云：「天天忙中過，忙裏有哭笑」的感覺。

有人將人的一生形容是演戲，也有人把它當作是旅遊，終究有謝幕與到站的時刻。人生，來是偶然，去是必然，必須隨緣不變，不變隨緣。所以說：人和人相遇，靠的是一種緣份，人和人相處，靠的是一種誠意，緣是天意，份是人為，今生能相遇無比榮幸，無論擦肩而過，和濟共事，相扶相持，相約百年都不一定能相遇。所以俗話說：一別千苦。希望永遠珍惜這份美好。

或許有人會問，會比較，你這一生很幸福嗎？記得有一篇文章是美國哥倫比亞大學哲學博士，名叫霍華金森，他的畢業論文題目是：「人的幸福取決是什麼？」他整整花二十年的時間去研究，去追蹤，在一萬多份問卷裏，僅有一二一人認為自己很幸福。這一二一人中有五十人是事業成功者，再經過一段時間的追蹤篩選，這五十人中只剩下九人是事業成功者，而七十一人中沒有太大變化，這七十一人是屬於普通家庭主婦，有的是賣菜的農民，有的是公司的小職員，還有的是領取救濟金的流浪漢。這些人他們的職業是平凡生涯暗淡的人，可是他們覺得很幸福。最後霍華金森的論文結論是：所有靠物質支撐的幸福均不能持久，都會隨著物質的離去而離去，只有心靈的淡定與寧靜，繼而產生的愉悅，才是幸福的真正泉源。由此可見，人生幸福的指標不在於你得到多少，而是在於你給予多少，其決定因素乃是良心知足常樂。與老同學共勉！

沉思過往

音樂系　王夢龍

畢業至今已屆四十六個年頭，如今已近七十歲，回顧往事雖無太耀眼的成就，唯一感覺到的是自己一路過來，生活得很實在且充實，捫心自問並未虧欠同學與朋友，活著非常心安理得，幸福自在。

回想民國五十三年，由於家中兄弟姊妹眾多（三男四女），為了減輕父親負擔，乃於接到政戰學校錄取通知後，半夜偷偷整理行裝前往學校報到，隔日寄回便服並寫信告知父母已來學校報到，這一決定讓父母頗不諒解，但已入伍父親也就只好同意；因父親也是政戰前輩，並不同意我跟他走一樣的路。入伍訓練結束，利用假期回家向父母請罪，原諒當初不告而別的行為。但父親認為已經做了決定就尊重我的意願，但特別囑咐我，既然穿了軍服就要像個軍人的樣子，要學會忍辱吃苦負責守紀的精神。幾句簡單的話語已全然道盡了復興崗四大信條的精神，也幫助我順利完成四年的軍校養成教育。

五十七年幹校畢業，我與楊志昆，陳嘉峻，王勇敢等同時分配海軍陸戰隊第二師任職。為了等船期一直到了十一月中才到部隊報到，正好趕上『盪寇部隊』訓練，當時只有五十二公斤的我只好咬著牙根接受嚴苛的訓練，自己都不相信竟然能夠安然度過。接著又是一連串的『巷戰管道』、『游泳管道』、『夜間教育管道』等不同的部隊管道訓練，竟然都能輕鬆度過，我想憑藉的就是當初父親告知我的觀念在支撐。

野戰部隊待了兩年，隨後調任陸戰隊司令部隊部連，陸戰隊藝工隊，海光藝工隊，小海光，海軍義工大隊等單位。後因個性無法適應藝工單位的生活習性，民國六十四年底自動離開這個人人羨慕的單位，申請調任艦艇單位服務，又先後服務海軍中光艦及大同艦，艦艇服務期間蒙長官愛護在調任中光艦時正好接獲新光演習任務，這是一個千載難求的光榮任務，竟然讓一個初上艦艇服務的新人碰著，內心除了感恩還是感恩。

民國六十六年十一月底和順霞小姐結婚，結束了單身生活。有感先前兩段感情失敗經驗，均因個人因素未能修成正果，因此特別珍惜這次婚姻並深深檢討過去的缺失，一定要努力經營這個家，民國六十六年底有感於軍中任務繁忙，無法兼顧家庭，乃決定申請報考參加教育部軍訓教官甄選。當年要報考軍訓教官談何容易？多次面報政戰主管及部隊長表明心意，終獲長官同意准予報名參加甄選，幸蒙錄取。於六十七年參加教育部軍訓教官訓練，訓練期滿後分發台中縣大甲私立致用商工服務（葉育南同學分發省立大甲高工），當時流行資深教官欺負菜鳥教官，且因管教學生理念不同；主任教官認為管理學生一切均應依校規處理，學生犯錯就應處分，我則主張應將學生視為自己子女看待，導之以理，善用溝通技巧，不應動輒記過相對，致常常在處理學生事務上產生歧見現象，致被主任教官穿小鞋，狀告督導，說我不配合，自以為是。當時督導陳純智上校約談我，要了解箇中原因。當時我未做任何辯解，只以沉默代表回答，這可讓督導大思不解，覺得其中必有隱情，乃於六十八年暑假期間命我辦理暑期『台中縣高中學生暑期復國戰鬥營』活動，就近考核並觀察我的言行表現，結果由於計畫周詳，與協辦單位協調綿密，各項事務考慮周延，使得活動辦得非常成功，尤其是最後一天『星光之夜』的離別晚會活動，更讓參與活動同學抱著所有對隊職幹部痛哭，那種臨別不捨的景象，令人動容。

活動結束後也讓督導對我印象從此改觀，並於七十年調任助理督導職務，先後又調任霧峰農工、明道中學主任教官，七十五年調派逢甲大學服務，擔任財稅系與統計系系教官。私立學校給教官的福利較多，但相對教官的工作要求亦較高、較嚴格。那時財稅系有夜間部學生，為了便於輔導學生，晚上也自動留校輔導；一般都是由值日教官負責（大家都想早點回家）。由於我的作法跟一般教官同仁不同，引起夜間部主任陳振金博士的注意及興趣，有天特別找我聊天，徵求我是否願意兼代夜間部十三個系學生的生活輔導，我當時未經思考即一口答應。從此除了白天上班外，晚上亦要兼任夜間部十三個系的學生生活輔導，每天上午七時到校晚上九時離開學校，回到家已是晚上十時（平均一天上班十四小時）。雖然付出比別人加倍的時間，卻也獲得了不少人脈。民國八十二年五月間因故提前報退，時任主任秘書的前夜間部主任陳振金博士問我退伍後有何生涯規劃，我說尚未有任何規劃，等休息一陣子再說，接著問我有沒有意願繼續留校服務，我說如有機會當然願意，主秘要我一切放心，會極力保薦我留校服務。經過兩個多月的運作，終獲董事會同意留校服務（開創了逢甲大學退伍教官留校服務之先例），八月底校長楊濬中博士個別約談我告知這個好消息，並徵詢我對『待遇』有何意見，我答以『學校可依我工作表現做為敘薪』標準。校長非常滿意我的回應，要我隨即至夜間部報到並熟悉環境。八十二年八月一日我正式轉任學校行政系統服務，八十三年獲聘為編制內職員，至九十九年八月一日屆齡退休，前後在逢甲服務年資共二十四年，先後歷經軍訓室、夜間部、進修推廣學院及學務處課外活動組等單位，磨練過單位獎學金設置及申請作業、採購審查委員等業務，每項業務都是非常繁雜，不容出錯，但本著虛心學習，深入瞭解，全力以赴，各項服務績效都能達成上級要求，多次接受教育部評鑑及督導均獲得優異成績。民國九十二年獲選為『優秀學生事務工作人員』，並於九十二年十二月二十日接受教育部公開表揚。二十四年不算短的日子，本著和和氣氣與人相處原則，用平常心面對不平常之事。腳踏實地，步步穩健，任何狀況下，謹守對人尊重，對事負責，抱著『忙』沒關係，不『煩』就好的觀念，愉快的工作過活。退休後倒也留下不少值得回憶的美好事務，唯一遺憾的就是同學中像建鷗、光華、卓耕、文華、益生、銘雄等小孩，都曾就讀逢甲，但因同學們平日教導有方，子女都很獨立，一直到畢業離校，沒有能夠為他們服務的機會，只能向同學們説聲抱歉，我怠慢了，那是因為你們的小孩實在太優秀了。

九十九年屆齡退休後，每週三天分別在國立自然科學博物館、國立公共資訊圖書館、台灣省諮議會及亞洲大學美術館擔任志工。在志工服務中，可督促自己充實相關領域智能，更可與觀眾分享心得，獲益良多。有時去上些攝影專業課程，增進些攝影技巧，或約個三兩好友健行爬山，倘佯在大自然中，倒也輕鬆自在。目前生活作息極其規律，夜晚 08：30~09：00 間一定就寢，早上 03：

30起床，起床後沖個溫水澡，喝杯溫開水暖胃，用完早餐後出外運動約1.5小時。

最後，要感謝我的親朋好友同學們，在過往的日子裡，陪伴我、鼓勵我、勉勵我；尤其是八十八年內人因職災，致使左腿截肢並安裝人造肛門。那段時間住進台中中國醫藥學院附設醫院實施行人造肛門手術後引起的腹膜炎，前後共施行了十多次大的腹部清膿手術。來自各方的慰問與關切，加上內人強烈的求生慾，住了近兩個月的醫院，終於平安出院返家，連當初施行手術的醫生都覺得意外，認為一個沒有存活希望的傷者，竟然能夠痊癒出院，聽說已經成為該院的診治案例。後來至板橋安裝義肢期間，更感謝吳哲嘉夫婦幾乎每天到醫院陪伴內人，甚至帶些營養品幫內人補充體力，這份感情讓我至今難忘。再次謝謝親朋好友同學們伴我度過人生最痛苦難忘的日子，讓我有力量重新站起，除了感謝還是感謝！

生平事略

政三　陳漢帝

我生於大陸山東省費縣，六歲喪父。幼年時即過著顛沛流離的逃難生活，赤禍漫延遍及全中國，終至錦繡河山沉淪。民國四十二年隨母自越南返回台灣，回到自己的國家就讀小學二年級，求學過程尚稱順利。民國五十三年夏由台南二中畢業，毅然申請保送軍校——政工幹校（現政治作戰學校）前身，幸蒙錄取。畢業典禮時，校長贈獎表揚。台南市長設宴款待且諸多勉勵，當下深感榮耀。

六月底接獲通知，前往就讀軍校——政工幹校，接受為期二周預備教育，結束後放假返家，等待九月初與軍校聯招同學，一起參加十二周入伍教育，結業後分發學生班二大隊六中隊。開始四年軍校生活。

軍校教育概述：

政校生除具備軍事素養與政戰專業技能外，必須修習大學應修課程，政戰幹部須具備通信收發技能，以及駕駛訓練與跳傘訓練，政治作戰綜合訓練，深感榮耀，至今難忘。民國五十六年參加三軍四校聯合畢業典禮，南下鳳山陸軍官校，接受先總統蔣公親自校閱分列式——通過閱兵台向大閱兵官致敬。翌年完成軍校四年文武合一教育。先總統蔣公親自主持授階，正式成為少尉軍官，展開軍旅生涯。

部隊職務的歷練：

政校畢業後，分發陸軍砲兵學校初級班，接受分科教育，受訓六個月，分派部隊駐防馬祖北竿，擔任砲兵連前進觀測官。民國五十八年十月回任政戰職，擔任步兵連輔導長，再任砲兵連輔導長。連輔導長任職二年六個月，調任營政戰官，一年後轉任保防職，任職旅級師級保防官（民國六十三年三月至民國六十五年五月），再回任一般政戰職，任戰車營輔導長直至六十七年八月止。服役部隊十年期間三度外島駐防。二次步砲營測驗，北竿打坑道，旅指揮所演習，師對抗大大小小演習，不計其數。

在不同兵科（步砲裝）特性不同，排連營旅師各階層，歷練幕僚與主官職。民國六十七年轉任軍訓教官，從事軍訓教育與生活輔導，和學生相處，秉持愛心，耐心與關懷，服務學校與學生認真教學，以專業知識與敬業精神，贏得學生尊重與信任，同時與各處室教職員工協調合作，相處融洽。轉職十六年教學生涯，以最大年限，八十三年從屏東高級中學主任教官任內退伍，在校服務期間屢獲好評，不辱使命。

布衣生活平淡自然：

人生如客旅短短數十年，生活平凡平淡，名利如浮雲，與內人結縭四十四年，育有一兒一女，均服務公職，孫兒輩亦已就讀高，國中。昔日在軍中服務，無法照顧家庭，父親的角色扮演是缺席的，為彌補此一缺憾，退休後自告奮勇義務扮演奶爺，自我評量還算稱職。前後八年時間陪其成長，真正享受含飴弄孫的樂趣。年近六十歲時，找到真正的信仰寄託，並領受福音的好處，進而受洗成為神的兒女，信仰改變了我的生活方式與價值觀，菸不離手酒不離口的生活習性，因信仰的力量而與菸酒說再見了。現在每日固定讀聖經的話語，是我的精神食糧，為所關心的人與事禱告祝福，以喜樂感恩的心，迎接每一天的來臨。

結語：年逾七十的我與老伴相知相惜，互相扶持共度晚年生活，有共同的信仰，彼此疼惜家庭生活幸福美滿，引用聖經提摩太後書四章七節經文：那美好的仗我已打過了，當跑的路我已經跑盡了，所守的道我已經守住了，從此以後有公義的冠冕為我存留。這是我目前的心情寫照，三十年的軍旅生活，劃下完美的句點，眼前最重要的就是要照顧好自己的身體，珍惜所擁有的，盼望明天會更好。

欣逢入伍五十週年前夕，願此小傳與同窗好友分享，留下永恆的美好回憶。

卸裝、燦爛的晚霞

政二 蔡勝隆

同學會要我寫一篇「小傳」，這一次（七月十日）趙華淼同學組團南下「千里苦行」到台南的走馬瀨農場，因為大家彼此「頻率」一樣，本人就像彩虹戰士一樣，遠從高雄趕來會合，同學瞧我滿載金煌芒果（約四百多斤）一時引發哄堂，但吳信義仍然沒放過我說：你的「小傳」何時可以交卷！我即使不願意與回憶爭寵，但為了不破壞同學會的節奏，回程在車上我告訴內人，我非下筆不行了。

平時，有人問我，如果時間能停止（禁止），你願意停在哪一段，我的答案是「此刻」。顯然，面臨遲暮，多少人難掩揮手共進，走入夕陽之蒼涼心情。民國五十三年「入門」革命的搖籃——復興崗，開始人生另一個視野，熱血青年，千錘百鍊，雖然「台北不是我的家」，但在北投復興崗這四年是繽紛的；人因夢想而偉大。民國五十七年畢業走入部隊，在人生的波浪中，我靠「政工幹校」這個招牌混跡天涯。有時沉湎往事，發現自己真是看頭十足，初任官、連長佈達說我是七五砲專家、是正期班、接著接值星，出砲操、教戰技、第三天就奉命要帶隊去大樹高地實施實彈射擊。初生之犢，我心頭一驚：我這個七五砲排長如一不小心真是會「壯士未酬，身先死」，縱使部隊軍政交流，但此非原定之初衷，在部隊，每到關鍵的時刻我就會作出關鍵的行動，往往是「顛倒眾生」的，否則怎會屢受上級表揚，又榮獲「金牌」的政戰楷模呢！每當我「孤芳自賞」時就想到母校帶給我的壯觀，信心和暖流。在革命的旅途上我是汲汲趕路，從不歇腳的。但「國事」如麻，世事難料，某日接到十軍團的電話記錄：「貴部副主任蔡上校請於X月X日到軍團報到接任眷管組長」，十萬火急，在部隊混跡多年，稍一回神便知，這個任務當下已暴露出時代的倡促性了。如今要我在中部地區領銜「出征」眷村管理與重建，我當全力以赴、即使它不是我自己挑選的「戰場」。但推動眷改讓它不「跳針」這是有竅門的，這也是我日夜苦思的問題。但沒想到一股無法抑制的趨勢、有如世代怒潮般的鋒湧而來，面對的是陳情告狀、面對的是天天高談闊論、爭吵不休、哭靈抗議、工兵憲警、地方政府日夜連動，更荒謬的還成立指揮所，天天大張旗鼓，如臨大敵。一年、二年、三年、在下實已「招式」用盡，總部，國防部來文最常用的一句話：「請貴部妥予疏處」屢見這七個字真是官不聊生。人家說「江湖跑老、膽子跑小」，但在我來說剛好相反，因「犧牲已到最後關頭」這條路越走越沉悶，縱使本人已無欲則剛，致有人「跳腳」，但回頭難矣！不得不冒昧赴北投私謁馬主任向他報告我不「玩」了，情勢才急轉直下。眷管這三、四年「危機」，對我在軍旅之進程（兼起心動念）影響甚大。之後我發表出一篇——眷管「十心」獲得不少迴響，眷管事雖然是鳥事一籮筐！但對眷戶要有愛心，對重建要有信心，對眷村服務要有恆心，工程作業要細心，對事故連連眷戶的溝通要有耐心，面對眷村袍澤父老要虛心，當要組織動員時要深具誠心，對頑固眷戶不得不攻心，侍從上意要有勃勃的雄心，尤其眷村會議說話得小心，當本人離開斯職所得結論是痛心。（以上「十心」摘自拙作「急流勇退、萬般自在」）眷村在那個時代顯然是被特殊化的，如果不脫鉤思考，是無法感受到什麼叫做「寒天飲冰水，點滴在心頭」的，所謂「活在山林，敬畏在心」，如果不稍加奔走鑽營，如何能達到縈繞在心的願望。脫離陸軍來到國防部南區某部（現已「歇業」）在我來說它是一個新鮮的組合，我以謙恭的心情來就任這個政戰部主任，不但工作順手而且能「做我自己」，平凡是一個最難演出的角色，然而，兩年一到要調職，彼時本人實在不能離開高雄，因為我已經是「已經準備好了的人」。國防部同意延兩年，但兩年將居滿前，突接國防部處長韋渝惠學長告知說我非來台北不行了，（韋兄亦是我心存感激之人），為了不負上級之期待，我不得不選擇提前退場轉業。民國八十年十月一日，我的軍旅歲月正式走入歷史。同時連夜趕寫了五千字說帖：「急流勇退、萬般自在」，印二千本發給各「有關」的同學、同袍、長官、親友及「各界」（因退前引發不少話題）。說明提前退休只是個人生涯之規劃。俗曰：人間萬苦、人最苦呀！連要做自己、有時也感到有志難伸。

「老兵不死，但會凋零」這是麥克阿瑟將軍的名言。幾年前某日黃光勳同學（當時的會長）賜電告知要去屏東參加陳書澤同學的公祭，讓我想到凋零、西沉、落日之蒼涼。光勳兄（們）風塵僕僕去「相送」，不讓書澤同學「獨行」，情操豈不感人！再講一次，平凡是最難演的一個角色，我們十四期同學至今幾已全退，「酒店打烊、我就走人」。最近發現大家會面頻率大增，並喚出不少窩居的同學。七月十日有幸參加走馬瀨之旅，用餐時左有劉建鷗，右有王蜀禧這兩位女同學不停的替我們夫婦夾菜、呵護、溫馨感人。近日趙華淼會長最自豪的就是能廣召各路「人馬」，成立一支舞蹈團隊，我看大家跳舞的動作，脖軟腰輕，漂亮的身影讓我們看到了另一個新希望：記住、成熟之人並不見得要髮蒼視茫；青春不如美麗，而美麗不如健康呀！即使夕陽將西沉，但那餘暉還

是可以遠眺的，必要時也可以拿

望遠鏡來觀察、來欣賞那將下沉的燦爛晚霞。本人引用一句話來作為本文的結論：「爭萬年太久了，爭朝夕吧」這是毛澤東主席講的一句至理名言。

蔡勝隆立正二〇二三年七月十二日於高雄

趙華淼小傳——憶傘兵

政四 趙華淼

余，趙華淼浙江省奉化縣溪口鎮人，民三十五年六月廿四日生於上海市。出生不及三月在強褓之中，家父奉派至台灣協助接收有關兵工廠事宜，攜家帶眷（家母及兩個哥哥），離鄉背井迄今六十八載，這是時代的悲劇。雖多次前往大陸旅遊，仍未返祖籍尋根，預定今年八月底九月初偕在台出生僅剩的兩個妹妹返回家父生長的地方緬懷，追思。

民五十三年自台南成大附工畢業，自肘無法考取大學，在同學的建議下考陸軍官校，如未錄取轉考候補軍官班，當個軍官服役四年，算盡了國民應盡的兵役義務。

是年九月初，考取軍校的同學相繼準備報到，我則向同學打聽後官班招生事宜。同學問我沒考取？看了我的成績通知單，他說有兩百多分應可進陸官，建議我到木柵軍校聯招會查詢。

經向雙親秉報後，如未有消息，順便到圓山動物園參觀玩一玩，隨即南返。

並自備旅費（五十二、三年在成大圖書館當工讀生月入四百元，入伍從七十五元起跳到四年級才一一八元），第一次搭乘煤煙火車坐了八小時，終於抵達政經中心的台北，的確比鄉下的南台灣繁榮甚多。投靠友人借住後，第二天到木柵軍校聯招會查詢，由一位上校軍官解釋未錄取的原因：「陸官有理工科系，數學零分就無法錄取」。我恍然大悟失望的準備回去。那位上校軍官叫我等一下，他說：「你相貌堂堂，身材魁梧不當軍人可惜」，就幫我查其它的學校，最後找到幹校，（幹校無數學），經與幹校連繫確定仍有缺額，以備取生由聯招會改分發，從考甲組的陸官以國文，英文，三民主義三科成績改分到乙組的幹校。九月廿一日報到，十四期同學已入伍一週了。那位上校軍官是我生命中的貴人，可惜當初年少未曾記下他的大名，甚感遺憾。『上帝關了這一扇門，卻又開了另一扇窗户』。讓每個人充滿希望，也註定一輩子當軍人。

民五十七年畢業後分發空降部隊（傘兵），有偉國，桃華，文漢，毓祥（已往生）文漢，林博，益明，文森，奎章，育南，永福，創田，鎮平，杜鈺及我等十五人，其中益明與家球對調。有幸與桃華，偉國，文漢同一營，又與桃華同一連，殊屬難得。緣分哪。在傘兵六年期間，扣除步校初級，正規班共受訓十個月，經歷排，連長，政戰官，營輔導長。參加四次南（三），北（一）考部營測驗，四次空降營測驗，一次旅對抗。值得一提的是我與桃華兄在五十八年秋接受陸總部測驗評定空降第一旅第一營第十五連為近鐵一般的部隊的殊榮。我以桃華同學為榮，民六十一、二年間我是空二旅62連連長，桃華兄為空一旅15連連長。當時的步兵連須接受總部的五項戰技測驗，桃華兄充分顯示他卓越的領導才能，他親自以身作則嚴格訓練，上下團結一心，士氣高昂。在空特部測驗時屢佔鰲頭，就以廿四公里全副武裝急行軍這一項而言，他的口號”『跑步是走路，走路是休息』竟以兩小時三十分多成為全國記錄保持者，迄今無人打破。可惜未被抽中，被抽中的是空特部倒數第二名，結果得全國第一。桃華兄當年即當選『莒光連隊』。民六十三年營輔導長時，參加南考部營測驗獲全年度政戰評比第一名。獲長官青睞，被保舉為第七營營長。這說明了桃華兄是叡智的具有旺盛的企圖心，堅強的毅力與耐力。民六十三年我參加北考部成績也不賴，比桃華兄略遜一籌。十四期的傘兵都表現非常優秀，深受長官的賞識。民五十八年時任排長，前第一營營長柴廷俊將軍在恆春基地，就當部隊面前說偉國，桃華，文漢及我是小老虎，是營測驗的生力軍，那一年南考部，我們是第一名。偉國在任輔導長時，接受總部聘請德國軍事顧問來台指導某專案演習，跳傘場地在岡山附近的阿公店溪，偉國當跳傘長，須看目標到達後，綠燈一亮回頭向傘兵下達命令喊「跳」，然號魚貫一躍而出，但教官說稍等一下再跳，結果跳出場外。參觀台的各級長官臉都綠了，在外國人前出醜，直說跳傘長要送法辦。經前營長楊學晏將軍力陳：「偉國未完成跳傘長訓練」，免除軍法審判之罪。偉國在上尉時參加陸總參謀考試後，就離開傘兵了。毓祥，家球在司令部，家球在司令部剛好碰到民六十一年『919』119 在岡山外海墜落事件，忙著善後及慰問事宜。其他同學因駐地，任務不同又不同單位，互動較少。六十二年秋空二旅任總部預備隊，從屏東龍泉移防桃園龍潭。奉命到姑乳山修建靶場，從武漢營區（現為 804 軍醫院）行軍到關西，途經龍潭街上，整隊沿途唱軍歌以振奮民心，結果震醒了到總部上班交通車的官員們，他們探著頭直嚷嚷說「這是那個部隊，很久沒聽到這麼嘹亮，震撼人心的軍歌，」我當兵器連連長，編制缺人，去掉資深士官，衛兵勤務，六十餘人的歌聲響徹雲霄，傳遍全大漢營區。

民六十四年「學校與部隊交流」我奉調回母校，從此與傘兵的緣分就告一段落了。在政校回鍋當連長，營長（參加國慶閱兵），營務科長，進研究班四十六期與又新，南東，國樑，振煌，穎洲（已往生）同學。後保薦至國防部政五處任政參官，在北部七年是惟一與家人相處的時間。民七十一年底到七十九年春調269楊梅師主任，士校主任，陸總政五處處長，花防部主任。好運總有用盡的一天，得罪了小人（大官），民八十一年到民八十六年六年將軍只幹一個職務兩個單位（八，六軍團副主任，沒有小三，沒有貪汙，服役二九年獲三十一個勳獎章）。只有轉公務人員到輔導會，迄民國一〇一年在軍，公界服務四十七年居齡退休，在外流浪三十年才回到户籍地。離台北最近的桃園住了十三年，其餘散居在花蓮，台東，屏東，高雄，台南等地達十七年之久。兒女高中畢業，鼓勵他們投考軍，警，公，兒女堅決異口同聲說『不』。我知道孩子的童年，我缺席了。兒女們不想重蹈覆轍。我要感謝老婆阿桂母代父職，把一雙兒女，養育成為社會有用的人。

四十七年的軍，公職服務的每一個單位都只有一進一出，大概是每一單位階段性任務完成，不再回頭。不論如何我還是要感謝母校的教育對大多數的同學而言是成功的，也感謝各個階段師長的教誨，栽培與同學的支持，更要感謝老天的厚愛，讓我的老年生活無後顧之憂。我的一生，雖不是很精彩，以我的學能有這樣的成就，我太滿足了。

蒙同學推舉為同學會會長，在巧蘭，文學，大同，榮川，山栗，信義，麗霞，校友顧問建鷗，代春及各地區聯絡人英雄，萬昌，重信各教授班聯絡人永福，建峰，弘忠，輿棟，嘉峻，常生，育民的支持與協助下，為同學們服務，如有不周之處，尚請見諒。

在海光的穿針引線下成立了士林公民會館舞蹈班（含每月專題講座，慶生會，旅遊等活動），也感謝巧蘭，鴻保的熱心義務教學，信義的安排更感謝許多同學的支持參與，使活動活潑生趣。社交舞蹈是老年人運動的最佳選項之一，它不受天候影響，它在各種不同音樂的旋律中婆娑起舞，它必須記舞序，可延緩老人癡呆症，男女在一起活動會顯得年輕，增加免疫力，可延緩老化。歡迎各位同學『大家一起來跳舞』。

會長政四教授班趙華淼七月十八日敬撰

附記：不是步兵不知營測驗的辛苦，簡單說明步兵營測驗！陸軍訓練司令部下設南（新化）北（新豐）考部。當步兵營進基地完成四個月的訓練後，就得接受南，北考部的測驗，藉以評定這個單位的戰力，六十分及格，超過八十分的鳳毛麟角。兩個測指部都有甲，乙，丙，丁四條路線，每一條八十五至九十公里不等（抽一條），測驗前只有一條路線可以預習，其他三條路線用車偵查重要地形（可能被伏擊或遭遇），交通路口（避免走錯，誤了行軍的時間）。受領任務後要在三十六小時內完成，超過時間重測，它不是純行軍，包含每個階段的作戰會議（攻擊，防禦，宿營），都要召開，還有橋梁破壞，難民阻路，城鎮的情蒐，攻擊，防禦，遭遇戰，伏擊戰，追擊，夜間還有冒充混進，捕俘摸哨等。政戰幹部在每一個階段，都要實施政戰研判，民心，社情，官兵心理等分析，行軍宿營時都要來回慰問，關懷官兵，發揮互助功能（休息時間被剝奪）。這些作爲都在延宕行軍的時間，疲憊你的身心，並藉以評定每個狀況處理的熟練度。傘兵素有『神槍手，拐子腿，耐力強』的美譽。每年度的營測驗，幾乎包辦第一名。至於空降營測驗，在考指部測完後一個月內實施。它比較簡單，裁判編組由司令部擇人編成，專業性，嚴格性都比較鬆。最重要空降以後，以奪取重要地形的隘口，橋梁或建立空投堡或直接奪取目標。空降場距目標通常僅數公里不能太遠，免除八、九十公里的行軍，輕鬆多了。傘兵是戰略性的部隊，投入是決定性的一擊，二戰最長的一日「諾曼第登陸」就是用傘兵投入敵人後方牽制德軍使登陸成功，最佳的案例。

寇文漢小傳

政二一 寇文漢

我姓寇名文漢，「文」是從堂哥傳下來的，「漢」是紀念我在漢中出生，父親是河南省洛陽人，民國三十八年父親隨空軍搭飛機到海南島，再坐船到高雄，等到蔣夫人宋美齡幫我們蓋好的眷村，再搬到屏東市和平路眷村安居下來。小學就讀於屏東空軍子弟小學共七年，四年級為功課不好還留級，初中因家境不佳只得讀空軍至公中學，住在屏東大鵬灣校內，住校期間會想家，還會哭。畢業後很順利能夠考上屏東工業職業學校，就讀土木科三年上學期時，得知政工幹校召考預備班，可以同等學歷報考政工幹校正期生，因為家中子女多，也是為了省錢就報考錄取，也不知道預備班做什麼?覺得與高中沒有區別，每天都在上課讀書考試，最懷念的就是梁中英老師，每天都與我們在一起。最好的同學應該是黃錦璋也不知為何同學會叫他「草包」，他好像什麼都會，人緣又特好，像我這樣的草包不該叫他草包，應該叫「博士」才對。

四年學校生活很快樂。因為身材短小就不能參加每年的閱兵大典，心中確實不是滋味。傘訓是最快樂的事，因為家住屏東市離傘訓中心很近，曾經爬牆溜回家。畢業抽籤時大家都怕到海軍陸戰隊與空降部隊，我就是十四人之中的一個，到空降部隊報到與區偉國同一連。傅桃華與趙華淼同一連也是最值得高興的事。三位少將一位少校都退伍了，空降部隊中最怕「一條龍」著地，但是我在中美聯合演習時拉副傘跳到成功嶺後山，也是我值得回憶確不光彩的事。我記憶力很差，發生太多的事都忘了，每次看到華淼同學談傘兵之事我都好高興，都想常常看到其他三位將軍談、寫、傘兵之事，幫我回憶。

六十七年金世偉將我調到澎防部任少校政戰人事官才離開傘兵，當時的司令官是蔡新中將，他真是國家棟樑，每天早晨帶到我們跑三千公尺跟隨他的人都有一個好身材，也能把澎湖的山羊都殺光，也能在晚點名時突然出現在小兵身旁，查看連長是否能遵守他的命令，澎湖是一個值得回憶的好地方。

十年軍旅生活平安退伍，當時信義兄特別介紹我去中央黨部找盛毅學長，經他介紹進入公路黨部考試分發至彰化區黨部，盛學長就是劉建鷗的先生，此後他們夫妻是我人生第二階段的貴人，令人終身感激永不忘懷，民國七十八年奉命前往花蓮接任黨部書記，前後十二年留下深刻美好回憶。

七十八年九月先父因中風加胃癌病逝，小弟文定全家前往台北為處理父親喪事，於十月二十六日全家搭上華航飛機由花蓮趕往台北。據說駕駛員打完一夜的麻將，將機上五十多人往山上衝，小弟一家四口全部陪葬。人生無奈母親於一〇二年九月生病住院，來來往往受了不少痛苦於一〇三年元月十九日被我們的上帝接回天家，享年九十五歲，雖不捨但必須放下，她到天家是脫離人間痛苦。

民國六十一年與屏東市許秋月在教堂結婚，育有一女一兒，女兒寇善婷已出嫁生一男孩外孫才三歲，兒子寇傳巖也結婚生子，孫子就讀國小四年級，家中平安無事每天陪孫子外孫，他們兩個小東西經常打架，弟弟絕不讓表哥可兇的很，我們常常替他們排解糾紛，最讓我生氣的是他們，最讓我快樂也是他們。這樣的生活也是一種享受。

自從黨部退休後就變成無業遊民，每天早晨讀聖經，看屬靈書刊再出門爬山一個小時，早餐後遊到文化中心圖書館看書，跑到教會幫忙，晚飯後跳元極舞一個小時，每天如此生活在無憂無慮中渡過，如今已七十一歲了還求什麼？盼望兒女家中大小平安，老妻身體健康，共同度過這美好的晚霞。

我的志工生活：民國七十二年任職台中公路黨部時，得知一位同事年齡已很大，他能參加紅十字會志工訓練，到各大醫院服務病患，令我非常欽佩，與他聯絡後開始了我的志工生涯。

1.台中醫院及澄清醫院志工、台鐵花蓮志工、彰化志工

2.彰化國中志工、彰化陽明國中教導學生們（問題處理）（情緒管理）（兩性教育）（自殺防制）這也是我最快樂，被學生稱為很老的寇老師

3.現在住在彰化市台鳳社區，又參加環保志工打掃社區環境盡一點回饋社會的力量。歡迎同學們有空來彰化玩。

以上介給我平凡的一生，因為心中有耶穌，使我生活非常愉快，每天清晨起床，就把最好的時光給最愛我的上帝，求他賜我最美好的一天，最後奉主耶蘇基督之名，祝福所有同學，身體健康！出入平安！

回首來時路

政三　李水生

我在抗戰勝利那年出生於四川省成都市溫江區，故取名水生，有水到渠成，生生不息之意，自幼隨父母來臺，先後住在高雄岡山及雲林虎尾空軍眷區，因受眷村文化影響，認為只有從軍是唯一報效國家的途徑，故在高中畢業時申請保送政工幹部學校，達成從軍報國的夢想。

服務軍旅計二十一年三個月，穿著軍服從事本職政戰工作僅七年餘，只有連輔導長及上校政參官與組長經歷。民國六十三年至七十年間，曾在警備總部檢查管制處高雄國際機場協調中心及高雄港區檢查處任特種交通檢查官及副組長，負責反走私，反偷渡，反劫持，反破壞任務。在機場任職時恰逢國際間劫機事件頻傳，又遇以色列突擊烏干達恩德比機場解救人質成功，每日工作戰戰兢兢，如履薄冰，直至每班飛機安全降落，始放下心中大石。為維機場安全曾參加狙擊及爆破訓練，見識到TNT及C4炸藥的威力。又因負責星光演習星方部隊由機場入出境業務的策劃。協調等工作圓滿達成任務，而受星方邀請赴新加坡參訪。民國七十年七月因緣際會奉調國防部中山科學院任情報官，實際是參三的工作，負責策劃、督導憲兵對中科院院區及雇用警衛人員對各研究館舍的安全勤務。每三至六個月還須赴中南部所屬各營區瞭解憲兵執勤情形。另不時參與研發成品長途運送的安全作業。以上十四年的非政戰本業，蒙老天爺眷顧，均順利完成。

七十六年底又奉調回警備總部政戰部，負責後備幹部組訓工作。自感學、經歷不全，在軍中難再有所發展，產生退伍之念。七十八年年中，得知中山科學院召考聘雇人員，經報考應試獲錄取，遂申請於同年十月一日退伍。因長官另有考量，希望推遲些，至十二月再次申請於七十九年元月一日退伍獲准，多穿了三個月軍服。

七十九年三月至中科院報到任企劃員，負責一般行政事務。十六年後已逾耳順之齡，為留給自己一些自由時間，申請於九十五年三月一日退休。自此悠遊山林，與妻過著相看兩不厭的日子。

回首人生，自政工幹校畢業踏入軍旅後，無論在何崗位，何職務，甚至到現在，一直秉持著隨遇而安，順勢而為。把握當下，盡其在我的人生態度過著平凡的日子，若有人問我：你受國栽培，對國家有何貢獻？我會說：我奉獻了我的黃金歲月，無愧我心。

保險

影劇系　王映崑

今個一大早開了院門，細雨濛濛，地上濕濕的，失去一次晨運的機會。回到客廳，見磅秤放在椅旁，上去一秤，啊！怎麼會這樣，懷疑又秤了三次還是一樣，這數據把我帶進了往事回憶中。

「發什麼呆呀！饅頭蒸熱了還不吃，待會涼了又去蒸，浪費電吔！」

望了老婆一眼，淡淡的一笑，到浴室洗臉刷牙，見到鏡中的我，白髮罩頂。臉龐滄老的連自己都不敢相信那是「我」，難怪人老了叫人討厭。

「今天是怎麼回事呀，坐在客廳發呆，望著鏡子也發呆，你是那根筋不對，還是得了老人痴呆呀！」

聽到老婆大人的獅吼，趕快把臉抹一抹吃早餐囉！

回憶往事，不論是怨、恨、喜、愛、仇、情、嘆！只要現在平平安安，那些過往的事，說出來淡淡的一笑，總是對身心是健康的。

五十三年八月到幹校報到，從高雄岡山乘第一班慢車，到了台北出站，已是萬家燈火時刻。陳恩義兄在車站出口處接我一同往復興崗。實因地理環境不熟，「咱倆糊里糊塗坐到淡水」，車掌小姐說：「這是最後一站，你們要在那下車！」陳恩義兄說：「到復興崗。」

「復興崗早過站了！」

「我們第一次坐車，不知道復興崗在那下車」

「等幾分鐘這車回台北，你們乘原車回去，到復興崗我停車，你們就下車。」

那位駕駛先生真是菩薩心腸，不知如何感謝他達到了幹校大門，衛兵說：「報到時間下午五點，現在快七點半，明天再來報到」。

「我們是從南部趕來，明天報到，今晚睡那？」衛兵愣了一下，到警衛室向班長嘟囔幾句，班長望了我倆一眼，打了一通電話，不到十分鐘一位騎鐵馬的軍官，把我們帶到四大隊報到的位置，另由其他軍官安置。

報到後的第二天被編到入第二連。記得在一次體檢，體重 52.7 公斤；五十年後的今日，在家磅秤上體重也是 52.7 公斤，一點不多，一點不少，是巧合？還是身材好？-52.7 的數據，怎能不讓我「會心的一笑呢」！也鈎勒出軍旅生涯中，發生的往事回憶。

我入伍時被取個外號「老太婆」。大家都記得在小坪頂的日子，忘不了的一件大事；在射擊訓練時有位同學的手，被自己的槍子打掉了手指，因而退學。隔天這項射擊訓練是不可少，訓練中有項射擊上口令動作，「上子彈，關保險」。我因沒聽見口令，在旁協助指導的班長，「你沒聽見上子彈關保險的口令嗎」！

這句話讓站在不遠處的連長聽見，走過來就往我屁股踹上一腳，要我站起來，又在我大腿上再來一腳，腿上這腳真是痛到心坎裡。從小到大還沒被老爸老媽這樣踹過。

「去臥倒，耳朵拉長點聽口令作動作」。

臥倒的我忍不住流淚了，自然用手拭淚。

「罵你二句就哭，還當什麼軍人！」

連長這聲大吼，週邊的人全聽見了，休息十分鐘，李正盛在我旁邊說：「這有什麼好哭，真像『老太婆似的』。」

影劇系有賈新民（現改名賈洪範），當時和我分在同入伍班，入伍結訓後，這偉大的封號，就如影隨形的帶到系裡，再由馬大爺，潘大媽的傳頌，到現今這封號還造成別人的好奇，比如說，去年初給張宗鑑同學打電話，接話是她老公：「我是張宗鑑同學，王映崑，請問她在嗎？」「她在，你同學，叫王映崑的找你」！

張宗鑑第一句話：「老太婆呀……」在電話筒聽見她老公說：「明明是男生，你怎麼叫他『老太婆』，張宗鑑是如何回答她老公，同學們如「好奇」就請教她唄！」

五十年快過去了，我二十一年的軍旅生涯，有說不完的故事，車禍賠償談判的事，救人的事，基測的事，等等，喜歡那一段呢！

畢業被陸軍派到269師，206團四管三連二排排長職，五十八年三月全營奉命到左營陸戰隊營地接受為期四個月的「海岸登陸突擊訓練」。這項訓練是以排為單位，共有幾大課目早忘了，其中一項「乾網教練」終身不忘，也是訓練中最重要的一項課目。什麼是「乾網教練」，現在我也說不清了，欲知詳情，得請教分派到陸戰隊的同學們解說較為至理。就我個人回憶這訓練，就是一面水泥高，台高約八分尺，（約三層樓高），長寬面積可容納一個排的人數站在平台上，三面鐵欄圍維護人員安全，另一面鐵欄有四個缺口，此牆面用三公分粗之麻繩結為網狀墜至地面，人員由上攀繩往下，全排人員必在四十秒內全排人數到達地面才是此項滿分四十分，超過一秒扣一分。此項訓練有一二八個口令動作，受測全排下網時間為38.7秒，陸戰教官都不信是真的，但是馬錶是在他手上按的，假不了。當全營成績統計完畢，我們第三連包了第一、三名，我這個排得了第三名，我這個第三名的王排長被副連長、連輔導長罵到臭頭，營部每位軍官見到我都要指責二句，這又是為那樁，簡單的說：陸戰的基地「海岸登陸作戰訓練」總成績達90分以上之排：

一、排長相片放大十二吋，掛在基地「英雄榜」

二、排長個人可得金質掛牌一面，並記大功乙次

三、全排發獎金三千元

這是多崇高的榮譽呀！在「乾網教練」測完後排人員在地上坐著，接著是下一課目「登岸作戰」此項課目有廿六個口令動作，最後一句是「開保險，成三角戰鬥隊形散開」。人員全數散開的戰鬥隊，就結束了。我下達的口令是「成三角戰鬥隊形散開。」測驗官走到我面前說：「你沒下達『開保險』的口令，你打誰，判你全排陣亡，扣你五分，因為我受測的總成績是85.7分，如不扣分90.7分，達到獎勵標準。」

一句沒「開保險」就失去了這份榮耀，又想到入伍射擊訓練沒做到，「關保險」被踹了二腳，這「保險」兩字可真重要呀！

各位大德，「保險」了嗎？把保單拿出來瞧清楚，看明白，不要因條款因素不明，「有保無險」那就真險囉！

人生的轉折

藝術系 陳嘉峻

高中畢業後，對我來說是莫大的衝擊，家無橫產，又無背景，學業又不突出，面對就學、就業兩茫茫之際，不知所措，在父親勸導下，考取離家較近的政工幹部學校就讀，從此確立了革命軍人的一生。

新生入伍訓練之艱苦，眾所周知，不在話下，但咬咬牙，也就平順的過去了。結訓後，正式在藝術系學習，全班十八位同學，朝夕相處，在教授悉心教導下，大家都學有所長，畫藝精進，唯獨我資質魯鈍，只學了點皮毛而已，實在汗顏。

五十七年畢業後，分發海軍陸戰隊服務，在基層擔任排長、幹事、連輔導長等職。於六十三年奉令調海軍總部政戰部二處服務，主管文宣業務，在各級長官及學長照顧下，先後三進三出，歷練主隊職及指參教育。

七十二年回陸戰隊99師660團，歷練團處長職，適逢春節，師部要求各單位嚴守紀律，不得有違法犯紀情事，更不能有逾時歸營，逾假不歸或逃亡意外事故發生。為貫徹命令，於是與團長研議後，決定做一大膽嘗試，我認為人人心中都有一個「義」字，講義氣的人，必重「然諾」，只要你能彼此交心，定能相互珍惜。於是擇定晚間九時召集全團有前科記錄者約五十餘人，由各連輔導長帶至營集合場，並要求各級幹部離開現場，由本人主持座談，除了將上級要求宣導外，並詢問每個人，是否有何困難疑慮，可提出予以當面說明解答或協助解決，並一一記錄，與其渠等搏感情，相互交心。歷時約二小時，達成共識，渠等絕對遵守上級要求。散會後，將有關問題交其單位列冊辦理回覆。回到團部後，心中還存疑是否能做到？還有點忐忑不安。果然收假後，各單位回報全體官兵均按時歸營，無一逾假違紀犯法者。經師部評鑑，本團為全師軍紀最優單位，此時才放下這塊石頭，甚感欣慰。

走筆至此，就此打住，實在沒有什麼豐功偉業可陳述。

八十四年九月退伍，即賦閒在家品茶，蒔花弄草，並與好友到各地旅行。自父母相繼往生後，深感人生無常，眼前所有一切，都是虛妄不實，最後都是一場空。在此奉勸諸位同學好好把握當下，身體還硬朗時，多修身養性，把過去該忘的全忘掉，當一個無憂無慮快樂的老人遊，好不快哉！

投資自己、享受學習

——傳講平凡的故事

政一 李大同

投資大師巴菲特說：「最好的投資是投資自己，知識越多財富越多。」在我古稀之年的前夕，驀然回首來時路，雖然也無風雨也無晴，但我深深覺得：學習值得終生投資，因為我的心靈資產是豐富的。

志學之年，我在政戰學校，養成教育、投資自己；而立之年，我在心廬研究班，精進學養、學貫中西；耳順之年，我在中山研究所，享受學習、隨心所欲。

我最早被父母的投資，是命名李大同，那個國小國語課本、郵局信件範本都有的名字，不用打廣告，大家已耳熟能詳了！再加上『世界大同』的高帽光環、『大同、大同國貨好』的廣告歌曲，似乎就注定我要投效軍旅、堂堂正正、熱心服務、昂首屹立的生命旅途。

乳燕初啼在高砲

省立屏東中學高中畢業即考入政治作戰學校政治學系，經過四年革命洗禮，奉派空軍，先到花蓮空軍防空砲兵學校初級班受訓，結訓後奉派至小金門擔任排長，營長留我在金門擔任第一連（示範連）射擊指揮排排長。

有一天，團長蒞臨視察，詢問我有關「九〇高砲射擊學」的問題：如果對海面船艦射擊，作為排長你有幾分把握？也許是自恃「初生之犢不怕虎」的傻勁吧！我說：只要三發砲彈就能將敵艦打沉。團長質疑答案，並告知陸軍砲兵演習時，用二營火力都無法將海軍的拖靶船擊中。我回答：陸軍砲兵砲彈射擊落點求面，很難擊中行進的拖靶船，而空軍高砲射擊是求點，所以能直接命中。因為海軍拖靶船是行進的物體，高砲除了有火砲外，還有追蹤儀定其方位，有雷達測其距離，有電腦能計算預測其提前量（即砲彈射出後，到目標區的時間），傳輸到火砲設定其離砲口後所需爆炸時間，再加上高砲是彈道低伸，精準度強，所以能直接命中。

團長臨行時，特別叮囑我好好準備，做給陸軍參觀。兩週後，團長來電明示：準備射擊日期；發射砲彈以三發為限；適時陸軍砲兵會在太武山上觀看。

結果我們只發射二發砲彈，目標便消失了！自此防砲部隊聲名大噪，但也埋下我日後留守金門的前因。

五十八年職期輪調奉派至第二連擔任輔導長，菜鳥當官不到一年，居然拿到全空軍軍歌比賽第一名，同時參加團、營部各種比賽，每次都是第一名，這是我始終堅持要提高全連弟兄榮譽心及團結力的結果。

武略光輝在亮島

五十九年底隨部隊換防駐守馬祖前線的亮島，一個鳥不生蛋的地方，全島最長三千公尺，最窄的地方剛好容納一部卡車可以通過，島上遍地野當歸、全是硓古石，上下山走路不小心會摔跤，輕者全身擦傷重者甚至沒命，對岸水鬼夜襲幾乎無法得逞。亮島沒水、沒電、沒東西吃，沒老百姓，根本是個荒島，但我方陸海空三軍及陸戰隊都有派員駐防。此地極具戰略性，是我方運補馬祖群島及東引必經的航線，如撤守，航運極難運補，所以固守亮島為戰略所必需。

蔣經國先生常來巡視，在我駐防該島時，經國先生曾到亮島，集合全島駐守官兵精神講話，荒島原名「浪島」，由他改名為『亮島』，以『亮照大陸、島立中天』詮釋意涵，並將對聯刻於司令台兩旁之柱上，自此駐防亮島的重責大任深深烙印在我們心坎。

駐防部隊半年換防乙次，亮島每月運補乙次，在運補後五天內，趁著蔬果肉品還新鮮沒腐壞，得趕快烹煮祭五臟廟，我們才有正常伙食，以後每餐都是黃豆炒黃豆或黃豆煮黃豆。用水則靠天上下雨才有水，每間房舍屋頂都是平的，旁邊做個蓄水池，每當下雨，雨水流入蓄水池，加些明礬使雜質沉澱後，做為煮飯用水，下雨就是我們最高興的時刻，大家都輪流在雨中洗澡洗衣。如果沒下雨，又想洗澡，只有到海岸邊下海洗澡，上岸後晒太陽等水乾、再將身上鹽巴擦乾，衣褲則抖一抖又穿回去。

在島上生活雖然艱苦，但康樂設備倒是一流的，有日本原裝 SONY 彩色電視機（收不到台灣的電視節目，偶爾可以收到日本 NHK 或 OHK 的節目），有燒煤油的瑞典製電冰箱，都是軍友社送的，因沒電根本派不上用場，只是充場面，每次換防還要列入移交。輪到我們換防時，因為海象不好，登陸艇無法靠岸，以致延後二個多月才得以換防在駐防期間，有一夜晚 20：45 左右，收到馬防部司令官來電，並指定要連長接電話。總機回報說：連長在高級班受訓，副連長在北竿等船。只好找當時擔任輔導長的我，司令官告訴我島嶼海域有大批船隊集結，要我帶領弟兄完成作戰準備，還特別問我有沒有問題，我大聲強調沒有問題。我即刻下令緊急集合、完成作戰準備，同時向團部 AOC 通報作戰準備完成。不久，司令官又來電，指示用三發砲彈來驅散集結船隊。我下達砲彈發射命令：第X砲預備（以空炸信管）么發裝填，雷達預備（夜晚追蹤儀無法目視目標，只好以雷達搜尋目標，將方位、距離傳輸至電腦，經計算後再帶動火砲方位、高低仰角、火砲行徑與爆炸時間）。當發射兩發砲彈後，我方雷達螢幕報告目標（該集結船隊）消失，接著海軍雷達站也傳來目標消失的訊息。我們只用兩發砲彈，便驅離了大批集結的船隊，這是平日訓練的成果，日後常讓我帶著驕傲的微笑，回憶這段往事。

六十年我膺選國軍政戰楷模，後來又先後榮獲空軍楷模獎章二座，至於忠勤勳章嘛！在公職退休前，辦理申請服務公職四十年獎章時，向團管區申請服務十年未領忠勤勳章證明，承辦人赫然發現我條件符合卻未頒發，即刻主動幫我辦理申請，始至九十九年十月十二日獲頒忠勤勳章。

文韜吸菁在心廬

駐防，三個月無運補，每餐都靠黃豆餬口，日子實在難過。

六十二年五月奉調空軍機械學校擔任教官，報到次日即到政戰學校接受高級班受訓，七月經推薦考入國防部心戰研究班（簡稱心廬），研讀二年，這是我畢生讀書進修最有收穫且最值懷念的時光，可惜年輕不懂得珍惜，未能盡心全力以赴。

在心廬研讀期間，六十二年參加國防行政特考乙等普通行政考試及格、六十三年與張惠燕小姐結婚，完成終生大事（育有子女各一人，一百年升格為外公，有一對極可愛雙生龍鳳胎的金孫），六十四年參加國防行政特考乙等人事行政考試及格，特考及格是心廬的培訓成效之一，讓我有得以擔任公職的保障。

在心廬的淬鍊，如果說是大學教育，但是來受訓的學生都已經大學畢業；如果說是研究所，但是卻不須發博士或碩士學位，一般稱它為短期訓練班或地下研究所。主要研習的課程，不僅包括了中西方文史哲學，也包括了政治，經濟；不但要研究中國的經典學術，同時還得研究西方的社會科學。

心廬的教育，第一階段在訓練我們博讀群籍，以厚基礎；第二階段在啓發我們融化貫通，以臻中正；第三個階段在要求我們知彼知己，以破以立。整體來說，要以張橫渠先生「為天地立心，為生民立命，為往聖繼絕學，為萬世開太平」四句話為座右銘，同時還要具有「究天人之際，明古今之變，識敵我之情，竟革命之功」的胸懷與目標。

師資都是當代一時之選，除排定課程由國內外權威教授授課外，我們也可以建議開設想學的課程及聘請心儀的老師，敦聘的授課教授也不分黨籍，只要是國內外權威，經小組審查通過後，心廬高層們一定會想辦法禮聘。每位教授都以能到心廬授課為榮，甚至有的老師還指明不領酬勞，要提撥鐘點費，多購買書籍讓我們讀。

在心廬二年期間，有幸承蒙恩師柴松林教授指導撰寫：『中共對外貿易之研究』論文乙篇，深獲師長們讚許。更重要的是同時還有很多名師教導，讓我得略窺學問之門，略聞知識之道，不論在為人或處事方面都有極大的助力。

結業後，奉調警備總部高雄調查組擔任反情報官，直到服務軍職十年屆滿退伍。之後，青年戰士報社長張家驤先生邀請我擔任青年戰士報企管組主任，上班地點在台北，我因家住南台灣並在高雄工作多年，加上雙親年邁需人照顧，而且六十八年高雄改制為院轄市，急需用人，網羅菁英。我毅然請辭報社企管組主任職務，轉換職場跑道，完全棄武從文，轉入高雄市政府從事人事行政工作。

學養發光在港都

在高雄市政府人事處的公務人員生涯，是從基層科員做起。文職科員就得要寫公文，這對拿槍桿子的軍人言，確是一件難事，幸好有「心廬」所學的國學基礎及邏輯思維，即使再難的公文都能很快進入狀況揮筆自如。

其中有件值得一提的事：曾經我有某份公文，經層層呈判而遭退稿達十八次，結果經最後核稿的處長於所簽的第一稿上批示『採此稿發』。我只有靜默悄悄把公文拿回再去發文，否則，若依複核程序又不知讓多少核稿長官心中不快？我想：每位核稿長官為何都要改一、兩個字或一、兩句，難道只是表示他們要讓上級長官知道他們有認真看公文，而不是閉著眼睛只管蓋章？這是文官體系讓人詬病的地方。

後來我升遷當主管時，常常思考：如何協助基層夥伴逃離這些文官體系讓人詬病的原因？我研擬多種定型稿供下屬同仁使用，我教導所屬同仁如何擬文稿，應注意那些要項（如人、事、時、地、物等五要項原則，不可缺一），尤其建議同仁多翻看舊檔案，學習前輩如何擬稿，以彌補自己之經驗不足等等。曾經當過我部屬的同仁，已經有不少擔任八、九職等或十一、十二職等的人事主管，這是我帶人帶心、提拔後進，最值得高興的事。

轉職公務人員，我先後歷任股長、視察，及工務局養護工程處、地政處、消防局等局處的人事室主任，九十二年九月二十三日再次奉派為工務局人事室主任，迄至一〇〇年元月十六日屆齡退休。

我在高雄市政府人事機構服務期間，連續三十一年考績均考列甲等；並於八十四年膺選為全國績優人事人員，獲頒人事楷模榮譽獎乙座。更值得傳講的故事是：調升八職等的人事主任六年半，九職等的人事主任二十年期間，著手推動以服務員工為目標的人事工作，有計劃地自訂革新程序與方法。我的撇步是：首先從員工個人檔案資料建立起，再由員工資料中，分類建立員工申請各項補助費的法令規章所需要之表格，並作成範例，刊登公佈在該單位的電腦網頁上，讓員工可以自行閱讀採用。

如果人事單位能得到第一手資訊時，承辦人員就會主動通知當事人，應如何依據電腦網路所附之表格與範例填妥資料，再送回人事單位辦理。當然也有許多服務，都是由人事單位主動辦理的，例如：任用、審查或各項福利措施等等，所以我服務過的單位，每年人事績效考核不是第一，就是第二。

不管在高雄市政府那個單位服務，我總受到職期輪調的長官歡迎及重視，譬如當我從地政處調工務局，地政處特別邀集所屬單位擴大辦理歡送會；工務局特別舉辦大型的交接儀式力表歡迎。我在擔任公職最後一任的工務局人事室主任退休時，除工務局及人事單位同仁辦理溫馨感人、多采多姿的餐會歡送外，連考試院黃秘書長雅榜還特別親自南下出錢出力主辦榮退餐宴。回想在公務生涯最值得安慰的事，就是近二十年的人事主管任內，未曾有員工對人事單位有任何怨言，這可能就是在學校與心廬所學及工作經驗累積得來的成果體現。

享受學習在中山

九十三年，我以六十歲耳順之年，才進入中山大學政治學研究所攻讀碩士，並於九十六年六月畢業。入學第一年就修完應修的學分，第二年開始承張顯超教授指導，收集並閱讀有關畢業論文的資料，撰寫：『胡錦濤政治性格與其對台政策新思維研究』碩士論文。著手撰文時，資料收集實在困難重重，因為胡錦濤是中共的領導人，在台灣甚至在中國大陸報導刊載的不多，除從網路上獲得資訊外，還特別親自到香港添購不少書籍回來參考。對於一個素未謀面者，需靠著窺觀其一生史料，再去揣摩其政治性格，困難度實在很大，幸好一則有名師指導高徒，所循方向正確；二則靠著勤能補拙的毅力，每天除正常上班外，回家還要做六小時以上的功課，才能在二年的時間順利完成論文。

不少人質疑我：臨到老年才讀碩士，是為考績甲？還是圖升遷？不然攸關退休金？我心知肚明：以上都不是標準答案。旁人異樣眼光只看到：虛擲光陰、花費金錢、耗損精力。我心深處卻慶幸自己能：重拾「簡單而豐富」的閱讀樂趣；享受「無所為而為」的讀冊生活。

指導老師張顯超教授常常在課堂以我好學為例，期勉正期班準碩士、準博士生要以「李大同老先生的勤學」為楷模，這些訊息流傳校園，幾經輾轉、我聽聞到，讓我感到滿欣慰的。論文審查口試時，召集人社會科學院長陳文成教授，對我更是讚許與肯定，並表達願意收我為博士班學生，可惜我已青春不再、力不從心，頗有老驥伏櫪、時不我予的感慨了。

感慨萬千在心頭

驀然回首來時路，雖然走過近七十寒暑，但總覺得年少輕狂時，曾有過安穩平順的生活環境，也有過一閃即逝的機緣際遇，但都未能好好地把握，歸根究底就是缺一個『勤』字。直到耳順之年，視茫茫髮蒼蒼，攻讀中山大學研究所，為了寫報告、撰論文，不服輸、勤練習，從電腦鍵盤生手到熟手，從網路搜尋緩慢到熟練，到教授口中的『勤學楷模』，漫漫人生大道，何嘗不是峰迴路轉、從心所欲不踰矩？

午夜夢迴，有時會想到：那些年「復興崗」上飄散著『誠實』的校風「誠誠懇懇的做人，實實在在的做事」。如果時光流轉，再回到校園，要是總能念茲在茲、身體力行，再加上『全心全力』做好每件該做的事，人生可能過得更有意義，也許能彩繪不同面的歲月畫布、譜寫不一樣的心情故事？

大同寫於七十歲前夕

祝福同學

政一　李明祥

走進復興崗，讓生命更加精采，讓生活更加充實。憶當年在小坪頂翻滾攀爬的入伍生活，仍清晰的留在腦海裡，忽然驚醒逝去的歲月已經五十年，那成長、茁壯、收穫的歲月逐漸趨於平靜了，剩下來的日子，希望同學們顧好老本，保持健康的身體，過著恬淡安適的生活，知足常樂，笑口常開，「士生於世，於其中壓能自得，將何往而非病；於其中自得，不以物傷性，將何適而非快；中有足樂者，不知口體之奉不若人。」祝大家「壽比大屯山！福如淡水河！」不亦快哉！哈哈！

謹誌於臺南

洪陸訓小傳

政一　洪陸訓

我在民國三十三年八月四日出生於金門縣烈嶼鄉的湖井頭，一個靠西海邊，曾經繁榮而趨沒落的小村落。經歷過四十三年發生的「九三砲戰」。四十七年畢業於烈嶼中心國小，隨即考上福建省立金門中學初中部。同年「八二三砲戰」起，歷經一個多月的砲火洗禮，即隨校遷臺，寄讀於省立嘉義中學，初中畢業後考上高中部。六年學涯過程中，皆歷任班長、保持前兩名，那是一段美好的奠定知識根基的歲月。

五十三年畢業，捨就讀民間大學而進軍校。懷著福建沿海先民習於向外發展的基因；自小喜讀章回小說夢想努力上進，衣錦還鄉的榮耀；中學教官「讀政工幹校，文武兼備，反攻大陸後至少可當個縣長」的鼓動；再加上家境經濟考量；以及受戰地軍民朝夕相處而對軍人留下的好印象，在老師同學對讀軍校不以為然的情況下，以全校唯一的爭取保送到政工幹校。這一選擇決定了我的一生和我今天所擁有的，包括我的家人和人際網絡。

第十四期的政治系四年軍校大學生活，以愉悅、專注的心態，接受了政治學科和通識教育，完成暑期軍事、政戰專業訓練，擔任學生自治團實習政戰處長，也有緣地結識了來自嘉義女中、同班同學伊玉珍，在經過三、四年級及畢業後兩年的交往，六十年元月終成眷屬。在校另一件有意義的事，是以四年總成績1/212比序畢業，並獲先總統蔣公頒授第一枚績學獎章。這對我而言，並不表示個人資質有何過人，而是顯示個人漫長求學過程中，一份鍥而不舍的恆心毅力，也成為往後持續進修、工作和治學的體認和動能。

五十七年九月畢業後到步校接受半年的連排戰術基礎教育，並與其他不少同學同時準備考取乙等行政特考。次年初到南部84師（時任師長為許歷農少將）報到，隨即以少尉排長進入營測驗基地。往後三年裡，在連級基層參加過兩次營測驗，一次游擊作戰演習；曾獲保薦進步校高級班受訓，以第二名畢業。原有意報考陸院，卻因受推薦而有幸考取「心廬」第二期就讀兩年。長達六學期的通才綜合教育，課程內容廣含中西哲學思想、中西歷史和三民主義、共產主義理論，以第二名畢業，這對個人往後的持續進修和研究，奠定了扎實的基礎。其間，在老校長王化公（時任總政戰部執行官）證婚下，完成終生大事。結業後，回母校敵情系任上尉教官。一年後，在校長陳守山約見後，派任學生第三大隊十中隊隊長。三個月後再考上政研所第七期碩士班國際共黨研究組就讀兩年，以第一名畢業。在敵情資訊備受限制的年代，有機會研究共黨意識形態與大陸情況，那是一種難得的學習機會，也加深個人往後研究的基礎和興趣取向。

六十四年研究所畢業後，到國防部總政戰部軍事發言人室任職，負責心戰工作（民六十八年心戰組獨立為心戰處）。時值大陸遭逢遽變（一九七六年前後），周、毛先後死亡、唐山大地震、「四人幫」被捕，對國軍而言，正是對大陸實施戰略心戰的大好時機。個人正逢其時，對心戰專業工作的體認獲益良多。而深感最有意義的是，在時任國防部長宋長志一句「加強海外心戰」指示下，透過王業凱少將主任的推動，在個人承辦策劃下成立「近代中國出版社」，定期出版《中共內幕》（Inside China Mainland）英文月刊及不定期出版專書，發行至海外英語系國家，提供中國大陸研究者參考。個人離開後，代春兄接辦，該刊續辦了二十年。

六十八年初，心戰處成立不及一年，個人進國防語文中心英文進修班半年，並通過托福考試，爭取到赴美公費留學。八月赴美，先是在伊利諾州西北大學政治系直攻政治學博士，但因主修（共黨理論）選擇不當與修業時間受限，次年轉學紐約市聖若望大學東亞所（轉學、就學受惠于鄧長富兄之助甚多），從碩士念起，一年半後學成歸國。當時為期佔上校缺，捨總政戰部一處育才案（出國留學）政參官職，而往三軍大學政教室擔任教官。在校三個月期間，正值中共「懲越戰爭」結束不久，個人奉命研析共軍作戰政治工作經驗，並撰文提供國防部政戰研究與教學參考。

由於佔缺不成，遂自願請求到部隊歷練旅處長，而於七十一年八月成行，到關東橋206師報到。一年後，再回總政戰部第四處任政參官。兩年中除晉升上校外，最有意義的，是個人利用公餘時間獨力完成《國軍軍機保密實施規定》編訂工作。將原有二十餘種相關法令規定整編成冊，並新增採購與電腦保密，為此曾一度隨李處長遠赴新加坡參訪取材。

七十四年，在攻讀博士學位最後年限（四十歲）與補修研究班學歷以歷練師主任的兩難間，選擇了前者，而於八月後再度赴美就讀北德州大學政治系博士課程。此次之能成行，得助於同學張代春和王漢國二兄甚多。在美之能順利完成博士論文（以毛以後的黨軍關係為題），有賴恩師 John Thompson 教授的鼎力相助。兩度留美先後近八年，得以吸取國外新知，體驗留學生活，參加海外愛國活動，見識「美麗島事件」後，「異議人士」在美活動效應，並遊歷過西歐英法瑞等六國，東南亞日、泰、韓、港各地，以及「跑過」美國四十二州，尤以其國家公園為個人所偏好，在個人生涯中，是一段備受挑戰，卻又能增廣見聞、拓展視野的時光。

八十年九月中，經兩週畢業旅行後回到台灣，在母校政研所任教至今（滿七十歲兼任退休）。當初一度有意補修研究班學歷未成，而放棄投身軍旅初衷，轉而致力於教學與研究工作，這是個人生涯的轉捩點。揮別過去二十三年對於軍職生涯力求向上發展的執著，轉而專心投入學術領域的探討，原為儲備行政發展更好條件的各項進修，反而成為有利往後學術研究的基礎。往後的二十三年，在政治系、政研所從軍轉文，改敘副教授到升等教授，擔任大陸研究組、國際關係組主任，兩任研究所所長、政治系主任。一方面，從事教育行政服務工作，另一方面，從事教學與學術研究工作，指導研究生論文撰寫，並參與國內外與兩岸學術活動。此外，也在淡大和東吳兼課，前者持續十餘年。綜合來看，有幾方面是個人覺得已盡心力而可以留下記錄的事蹟。

首先，就政戰理論的研究與政戰實務的參與而言。民國八十年蘇聯瓦解，其政工撤除，國內要求廢除政戰制度聲浪再起。總政戰部透過政戰學校成立「傳薪專案」研究小組，重新檢視政戰功能的適應性。個人積極參與研究，且一直持續至今。對於國軍政戰制度的定義、範圍、名稱與功能，提出個人的不同觀點。分別陳述於所著〈新世紀政治作戰的定義與範圍〉、〈國軍與中共政工制度的比較〉、〈國軍與蘇聯政工制度的比較〉、〈軍事社會學、軍事政治學與政戰制度〉等各文，以及合著或編著《國軍政戰制度與各國政戰工作簡介》、《新世紀政治作戰》、《廿一世紀西方的政治作戰思維與運用：第四代戰爭與戰略溝通》、《中共對台心理戰》等專書出版，並翻譯美國國防大學的《論政治作戰》（On Political War）等書。所著皆有不同的看法與論述。不僅是因個人出身政戰，對政戰有份認同感，而且在對各國政戰工作深入研究後，益發肯定政戰功能的時代價值，因而在數次受聘《國防報告書》編審委員和立法院、監察院有關軍事教育改革聽證會上，以及相關部、局長意見諮詢中皆能藉機提出建言。有關政戰相關領域的研究也成為個人鼓勵博、碩士生論文撰寫的題目範疇。

其次，是軍事社會學研究的提倡。其緣起動機，也是為政戰制度的轉型與發展尋找學術理論基礎。軍事社會學內容在探討軍中社會問題和軍隊與社會（人民）的關係，其主題與範圍幾乎涵蓋國軍各項政戰實務工作。研究過程中，個人一方面從事著述、出版國內首本《武裝力量與社會》軍事社會學專著，編著《軍隊與社會關係》等專書，以及發表多篇相關論文。另一方面，並致力於推動國內此一新領域的研發。在總政戰部指導與母校協助下，先後籌設「軍事社會科學研究中心」，創辦《軍事社會科學學刊》，舉辦全國軍事社會科學研討會。在擔任所長任內，於系所開設「軍事社會學」必修課程，並推廣至ROTC和淡江、東吳，初期皆由個人授課。此外，此一領域西方已發展成熟，相關理論、方法和經驗可供我國參考，因此加以譯介引進有其必要；在個人主持與參與下，先後翻譯《專業軍人》、《軍事社會學手冊》、《軍事社會學論文譯介》、《社會科學與軍隊：科際總覽》等歐美名著。鼓勵同仁和研究生研究相關主題，也成為推廣重點之一。

再次，是軍事政治學的研究與發展。這是個人長期耕耘的主要領域，也是個人認為對國內學術發展的成果累積，盡了一份心力之處。軍事政治學是研究文武（或政軍）關係，以及軍人的政治、社會角色的一門新興學科，置重點於文人領軍和軍人的政治中立（軍隊國家化）。在國內是由個人首先提倡和推動。其方式相同於上述軍事社會學的推動。個人持續研究，並出版兩岸第一本《軍事政治學——文武關係理論》與發表十餘篇相關論文；翻譯《軍人與政治》一書，及合譯或編譯《軍人與國家》、《馬背上的人》、《軍人與政治人物》、《武裝僕人》、與《軍隊與國會關係》等十餘本英文名著；同樣透過課程設計，在政治系大學部與研究所開設必修課程，鼓勵同仁與研究生撰寫論文。由個人指導與此一領域相關的校內外博、碩士論文近三十篇，並且每年提供政治系所軍事政治學研究獎學金五萬元。近二十餘年的耕耘，在國內已略見開枝散葉，形成此一新領域的一個鬆散研究社群，部分個人指導過的博士生，在今（103）年八月為個人祝壽時，出版了第二本專書《軍事政治學——軍隊、政治與國家》。國內淡大國際事務與戰略研究所、國防大學戰略所及陸官政治系亦先後開設此課程。母校政研所自民國九十八年起，每年召開「軍事政治學學術研討會」。影響所及，中國大陸自二〇一〇年起，成立「軍事政治學研究中心」，創辦《軍事政治學研究》學刊，並參考個人所主張的定義、架構、範圍和主題，先後出版高民政主編的《軍事政治學導論》等五書，為中共軍隊政治工作學尋求學術理論基礎。

此外，另有幾件事可以在個人生涯中留下足跡：一、八十一年九～十一月奉派赴中美洲薩爾瓦多，擔任該國國防部指參大學講座，講授政治作戰、共黨理論與策略等課程，獲其部長頒贈金質軍功勳章。個人亦藉此遊歷了中南美洲五國。二、長期從事大陸問題與兩岸關係研究，曾先後於八十九～九十七年期間七次應邀赴大陸社科院、軍科院，以及北大、上海復旦、南京大學、武漢大學等重點大學參加學術研討會、座談會、演講或發表論文，對促進兩岸學術交流與互信，也略盡國民綿力。三、親情是無可取代的。家人一直是我精神上的支柱，他們所給予我的鼓舞遠多於我對他們的關照。內人伊玉珍的相知相挺，關懷備至，兒子凌峰（建中、成大、美國北德大博士課程研究）和女兒心怡（北一女、台大、師大博士候選人）的不斷成長，都令個人倍感溫馨與欣慰。「常存感恩的心」、「受施慎勿忘」一直是我個人重要的座右銘之一；父母養育之恩、師長栽培之情、同學相助之義，永遠讓我銘記在心。

回顧以往，一路走來，有起有伏，有得有失，有期待也有遺憾，但是，這是個人的選擇，也是命定。待人處事的態度與方法，有可取之處，也有檢討空間，但這是個人的取捨，也是個性。無論如何，我的一生有過挑戰，但卻是彩色的，是有意義與價值的。

展望未來，個人已找到相當理想的晚年耕讀生活。上午，多年蒐集相當豐富的幾個領域的資料，足供我持續研究著書，期望以後個人「小傳」補遺時，能增添幾項作品。下午，在大屯山下找（借）到一塊山地，已開闢成頗有規模的小型開心農場；有果樹菜圃，有池塘魚鴨，正是個人出身農村，一心嚮往的休閒健身生活。

（附記：應同學錦璋兄的熱忱邀稿，寫此粗疏小傳，與其說是借此機會讓同學多了解我自己，不如說是個人借此以肯定自己的努力而已，謝謝！）

把握當下

政二 胡崇光

「人」從生到死有多久，其實也不過是呼吸之間，但也可以這麼說說：人生只有三天——後悔昨天、幻想明天和遺忘今天。殊不知今日的收獲取決昨日的耕耘、明日的光彩來自今日付出，今日何其重要怎可遺忘？

有位企業界的高層主管，從年輕時起最常掛在嘴邊的願望是五十五歲退休，然後帶著太太環遊世界。一個寒冷冬天清晨，擤出帶有些許血絲的鼻涕，原本不以為意，只當是感冒，沒想到這是噩夢的開始，檢查結果鼻咽癌第三期，生病後才猛然發現，別說沒去環遊世界，甚至連好好的陪太太去看場電影都沒有，半年後帶著遺憾離開了，離開時正好五十五歲。「無常」總是如影隨形般環繞在我們身邊。有些事錯過也就錯過，空留遺憾。

近日的高雄氣爆，暗夜一聲巨響，造成多少家庭破碎。我於八月十二日上午八時，搭乘專車，冒著傾盆大雨，前往高雄巨蛋參加祈福法會，會場預估有九千餘人。馬總統、行政院長、高雄市長、部會首長及各宗教領袖、信徒，大家用最虔敬的心，以言語、歌聲、音樂，祈願天下無災難，人人平安遠離苦難。

然而，再多的祈福也換不回失去的親人，但我們可以把握的是——「愛」要及時，珍惜當下所擁有的幸福，別等到失去時才後悔，星雲大師說：「幸福就是觀念轉變彼陣開始」。

目前，我們最重要的是每天以喜悅和微笑的心，面對生活，迎接挑戰。因為人生所擁有的一切是那麼的「無常」，不要為了眼前所遇到磨難、挫折而痛苦不已，煩惱紛飛。要訓練自己的心性，不論處在任何境界，都能安祥、自在、恬淡。學會付出，懂得放下，才能轉換命運，找到生命的新出口。

在這個多元化的社會，我們要訓練自己做一個務實而平凡的人，不論外界對我的指責與批評如何，也不論自己的地位高下，當下都能以悲憫心，對他人慈愛體貼，對自己謙下柔軟，彼此接納，相互扶持。我們要隨時改變自己，當我們內在與行為變得謙下慈愛，才有能力與說服力去改變他人。

同時，更重要的是不要把得失心看得太重，世間萬事萬物，猶如白駒過隙，過眼雲煙。唯有把握當下，注重養生，長養自己的法身慧命，保養自己的身體健康，平安是福，健康是財。一旦失去了健康的身體，美善的心性，就算擁有一切的財富與物質又如何?所謂「現在不養生，將來養醫生」!

活在當下，要學習惜福，誠如證嚴上人開示：「肯付出就是造福」。付出不完全表現在金錢的支援，只要自己的時間、體力及能力許可，擔任義工、志工，從事公益活動，扶助弱勢，幫助最需要幫助的人，讓他們得以改善生活，扭轉頹勢，是人生最美好與喜悅的事。

儘管我們過去為國家社會服務，戎馬一生，如今退休、退伍多年。在我們有限的生命裡，要人退心不退，只要尚有心力，祈願我們每位同學都能繼續為社會付出，為人群服務。「人可以退，但心不能退」，「人可以老，但心不能老」。要永遠保持向前的姿勢，服務奉獻的精神，才能讓生命更豐饒，更有力量！

我的退休生活

政一　伊玉珍

民國五十三年九月踏入復興崗，接受革命教育的洗禮，生活往事有苦也有樂，有磨鍊，更有收穫，一點一滴，依然常在心頭。復興崗四年教育，除了學習到本科系的專業知識，更重要的，軍人養成教育激發了我堅定的信念，培養了我堅強的毅力，由於師長們的教誨，在日後的工作中，抱持著樂觀積極、努力不懈的精神，克服困難，即使在先生陸訓前後兩次留美進修期間，還能一人身兼父母雙職，撫育一對兒女走過青春叛逆時期，讓我在家庭與事業間，竭盡心力，因而成就了今天的我們。

五十三年進入政工幹校有一段有趣的插曲。我在念嘉義女中時，有一位老師招北恩先生（廣東中山大學英文系畢業，抗戰時響應蔣公「十萬青年十萬軍」的號召，投效軍旅，他的部隊，曾進駐復國島，上校退役）從高一至高三擔任我們班導師，教授英文。招老師有個女兒跟我是同屆同學，因此他待我們像父親般的親切、慈愛，他曾到復興崗戰地政務班受訓（五十年代當時政策強調反攻大陸）。高三快畢業時，他鼓勵我們報考軍校，說：「將來反攻大陸，妳們可回到祖籍當女縣長。」當時我們班上有四位軍人子弟，只有我跟萬榕榕報考並獲錄取，進入復興崗。想起來就覺得有趣。當然，當時我們並非為此縣長頭銜而選擇進入復興崗，不過，軍人子弟進軍校似很自然。我和榕榕高中三年同學，政戰學校政治系又四年同窗，現又同住北投，同學情誼再加上革命情感，真是難得的緣份。

五十七年畢業後，繼續留校服務；先在電台工作，並先後於新聞系、政治系與政戰系服務。到了民國八十年，服務滿二十三年，囿於「女軍官服役條例」，四十五歲限齡退伍。後又於基金會服務五年，才正式離開職場。退休後，兩個孩子陸續念大學，陸訓完成美國學業，取得政治學博士學位，重回母校執教。退休後，我們開始規劃自己的休閒生活。首先想到的是：運動，如何鍛鍊身體，後決定去母校晨泳，同學（建鷗、榕榕）也同時加入，持續了四、五年，陸訓覺得運動量不夠，他開始登山（小坪頂），假日偶爾我會陪他一起。

我喜歡游泳，尤其喜歡到母校復興崗游泳。母校有兩個五十公尺長、八水道寬的標準泳池，較常開放的是室內泳池，不怕刮風下雨，也不畏豔陽高照。在此游泳，真是一大享受。每天早晨六點到七點半一個多小時的游泳時間，是我最開心的事，有許多時候因為晨間的關係，人潮相對的少，甚至可以一個人享受一整條完整的水道，覺得放鬆且自在。有段時期，學校泳池冬天開放，水冷又沒熱水沖澡，但覺得每個早上還能有機會回學校動動，活動經骨下了水後也就習慣了。

每回游泳，就像做一次校園巡禮。踏進復興崗大門，映入眼簾的是兩旁修剪整齊的綠意盎然的樹木，清翠的草坪，及寬廣開闊的園景。平直的大道旁，樹立著一對巨型標語：「以國家興亡為己任，置個人死生於度外」，格外醒目。英士樓前「崗上兒女」雕像於六十六年八月落成，出自魏立之老師之手，塑造兩位英姿煥發的崗上兒女，在青天白日滿地紅的旗幟下，一人手持《三民主義》，一人遙指前方——故國山河，意味「三民主義的真理，指引著我們向前衝」，亦含「有志青年請進復興崗」之意。這座塑像常作為母校招生宣傳海報。其實英士樓前原本放置的是蔣公銅像，民國九十六年遭民進黨抗議，國內政府機關與許多學校，包括軍校，全部拆除。一朝官一朝政，其間落差，令人感嘆！繞過行政大樓，寬敞的道路，雄偉的層樓，廣大的操場，還有遠處巍峨蒼茫的大屯山色，映入眼簾，常使我精神昂揚，心胸開朗。再放低視線，則是刻有「復興武德」的精神堡壘和政戰人員的「四大信條」。由操場左轉進去，經過舊音樂館，藝術系後的「曉園」，我們的家，木蘭村前，就到了游泳池。如時間還早，就會環繞校園一圈，看到了民族正氣碑，柳湖等等。一〇〇年校慶時，為紀念創辦人蔣經國先生，學校特將會客室至建豐齋的一段路命名為「經國路」。

政戰系、政治系擔任教官，後利用四個暑假，至師大三研所進修。

在北投住了近三十年，為回饋地方，民國八十八年開始投入志工行列。每週挪出兩個半天時間，去戶政及稅捐處服務。做志工，不僅是服務民眾，更重要的是自己也吸取了不少的專業知識。北投戶政事務所，係北市府民政局轄下的單位，近年來戶所不斷加強便民措施及提升服務品質，諸如：延長作業時間、週一至週五彈性上班（不休息），且晚上開放至八點，即使週休二日，若有民眾要辦理結婚登記，也可配合加班服務。尤其電腦化後，更加速縮短作業時間，有的戶所，在各里增設工作站，或在辦公大樓一樓增設服務台，我們志工配合在第一線與民眾接觸，更要親切、熱誠，這種人性化的服務，皆令民眾讚不絕口。

到稅捐處當志工，才知道我國稅捐分國稅與地方稅。國稅是由中央機關（財政部）負責徵收，除關稅及進口之營業稅、貨物稅、菸酒稅由海關負責徵收外，綜所稅、營利事業所得稅、遺產稅、贈與稅、證交稅等皆由國稅局各稽徵所徵收。地方稅部分有地價稅、房屋稅、土增稅、娛樂稅、及印花稅等，皆由地方稽徵機關負責徵收。依法納稅是義務，合法節稅是權力，由於擔任志工，服務民眾，更使得自己得到許多專業知識，且懂得節稅的方法，一舉數得。

在學校服務及戶政擔任志工，有兩件巧合且有意義的事。第一，民國七十九年我在政治系當教官，妹妹玉桂在正規班受訓，姪女秋玲讀影劇系一年級，真是有趣的巧合。我們伊家原是軍人世家（父兄侄皆為軍人），現在這種姊妹、姑姪、學姐學妹的多重關係，更將我們緊密地聯繫在一起，也憑添更多可談的話題。第二，在戶政當志工時，有一次，婚後僑居美國的影劇系同學陳碧霞，返國欲辦國民身分證，需要到原居住地北投辦理，她因為出國前的北投住家早已出售，無地址可辦理遷入，急得像熱鍋上的螞蟻。那天正好輪到我值班，碰到老同學既驚訝又興奮，了解她狀況後，立即去稅捐處申請一份我的房屋繳稅證明，讓她即可遷入戶籍，順利辦妥身分證及戶口名簿，後來當天下午就憑身分證到榮服處領到榮民證了。

陸訓教學研究忙碌之餘，在住處後山發現一塊「寶地」，出身自傳統務農家庭的他，對大自然土地本就有一股熱忱與嚮往，故對烈日當頭、風吹雨淋的田野工作，從不以為苦，且能怡然自得。十餘年來在他的辛勤開墾耕耘下，也粗具規模，我佩服他的毅力與耐力。他種植蔬果全採有機，不用化學肥料和農藥，收成的蔬菜果實常與鄰居親友同學分享。不過，令人不捨的是，他有時樂此不疲，過度勞動造成體力透支，常抱怨晚上要看書寫作時就會打瞌睡，最近就因右膝蓋半月軟骨受傷，做了關節內視鏡微創手術才覺好轉，醫生叮囑以後應盡量避免過度蹲膝和搬重物。

出國旅遊是現代人最喜歡的休閒方式之一。每當放長假，陸訓就常勸我出國旅遊，因而在他的鼓勵下，也去過不少地方。七十八年，出國留學人員眷探剛開放不久，適逢兒子凌峰國中畢業剛考完高中聯招，女兒心怡小學畢業，我便於七月十六日帶他倆赴美探親。我們先到洛杉磯玩迪士尼樂園、環球影城，再和克中夫婦全家同遊拉斯維加斯、大峽谷、布萊斯峽谷和貝爾湖。記得七月二十日在拉斯維加斯旅館得知凌峰考上建中，大家都很高興開心地一起慶賀。在美一個月，除了參觀北德大校園，體會陸訓的學習環境以外，還遊覽過德州的達拉斯、聖安東尼和休士頓，東部的大都會紐約和華盛頓首府等地名勝。八十二年，因陸訓和漢國在薩爾瓦多講學而有機會與陳鐔嫂一遊中美洲的薩國和瓜地馬拉。之後，先後去過加拿大的溫哥華和洛磯山脈，南非的開普敦，日本的東京、北海道和九州，韓國的首爾和釜山，東南亞的泰國、新加坡、柬埔寨和香港。大陸方面，則去過東北的哈爾濱，北京的故宮和萬里長城，安徽黃山，四川九寨溝，福建武夷山，以及雲南昆明等。我之喜歡大陸旅遊，是因同文同種，語言、生活習慣一樣（雖然嫌飲食口味鹹辣），以及熟悉嚮往的自然景觀和名勝古蹟。今年八月下旬還將前往絲路一遊。趁現在除了游泳和偶而出國外，跳舞也是我退休生活重要的一部分。開始是參加社區的排舞，這是十多年前由美加引進的「運動」，一個人可跳，三、五、甚至幾十、上百人亦可跳，配合著音樂節奏，開心的跳。如此也持續了近十年，只因年齡漸長，腳踝、膝蓋、腰部覺得承受不了，社區團員一個個退出，自然就解散了。一〇一年十二月在海光費心牽線下，本屆同學會找到了士林公民會館，成立了「舞蹈班」，由會長趙華淼將軍與副會長龔巧蘭擔任老師，教授國標舞。近兩年老師教了探戈、華爾茲、恰恰、倫巴、吉利巴，談鴻保老師也義務參與教學。同學們真是幸運，有這麼難得的機會，得到三位同學老師熱誠、耐心地指導。多年來，我發覺跳舞是項很好的運動，不僅要手舞足蹈，也要熟記舞序，再配合上優美的音樂，那真是種享受，而且更不會得老人癡呆。

以上所談的，顯示我的退休生活，除了志工服務以外，偏重個人的休閒活動，即跳舞和旅遊，也只佔了部分時間而已。實際上，退休二十三年以來，生活重心仍然在家庭的家務事和家人的團聚，以及與親友同學的交往。當然，親情、友誼可貴，個人健康也更感重要；我深深感覺到，個人的健康也是全家人的健康。寫這篇短文，是希望與同學們分享健康快樂的退休生活經驗，也替自己留下人生片段的記錄。

有閒和走得動時，多看看外面世界，也不枉今生。

二〇一四、八、一四

回眸一笑

體育系　龔巧蘭

古人說：人生七十古來稀，轉眼間就將邁入七十，我如今能吃喝玩樂，還算健康，每天往外跑，感覺時間不夠用，這要歸功於軍人生涯打下的基礎，才有此福氣，退休以後的生活反而很忙。

回憶高中畢業，父母送我到嘉義火車站，背著簡單行囊，隻身搭乘北上平快車，到台北轉乘至淡水公路局客運，在復興崗站下車，於校門口警衛室，遇到從南部前來的佟光、傅一秀、伊玉珍、萬榕榕，我們一起到木蘭村報到，立即換上軍服，是晚含著淚水，吃下軍中第一餐飯，從此許身成為軍人。這是我人生很大的轉折，經過三個月嚴格的入伍訓練，與男生一起出操上課，在小坪頂打野外，經歷生命中最苦的體力磨練，最苦的意志力考驗，多少同學吃不了苦，中途退訓。到大學部讀了一年的政治系，後來轉到體育系，平順的讀完四年分科教育。

畢業後，在軍中服滿四年，女性軍官獨厚，可以轉考軍訓教官，我有幸能在許多學校服務，歷任一般教官、生活輔導組長、主任教官，最後在台北德明商專退休。（女性軍官限四十五歲必須脫下軍服）。一生青春二十八年（含學生四年），無怨無悔，奉獻給國家，如今捫心自問，無愧於心。

退休後生活無慮，再度轉行，在壽險業十一年，六十歲限年退休，這期間因緣際會下，學習國標舞，後來從事教舞，如今成為休閒、運動、教學相長的樂趣，也因為學舞練好身體，也改變了以往刻板的個性，才有同學看到的今日巧蘭，完全不同於以往的形態，不過別晃眼了，只是外圓一點，內方仍是軍人本色，改不了了，已被軍事訓練定了型了，這就是軍事教育成功的一面。哈哈！以上道來，在入伍屆滿五十週年上，與同學分享我的甘苦。

二〇一四、八、二三

黨政軍憶往

政四　廖志明

余姓廖名志明，民國三十三年十月二十四日生於屏東鄉下典型務農之家，八歲失怙，下有兩個幼小妹妹，父親不但要忙於農事，又要照料幼小妹妹，因此父親在親友鼓勵下續弦，亦生下弟妹有六人，在成長過程中宵衣旰食，勤學事親，養成勤儉樸實與沉穩內斂的個性，平日喜愛讀書、登山、郊遊、運動，無不良嗜好，生活規律單純，民國八十年家中雙親先後去世，現有妻女共四人，長女、次女均已出嫁，還有三個外孫男女，參女大學畢業後在家鄉農會上班亦在今年六月二十九日于歸，妻則在家經營五金行生意並兼顧家庭，一家生活幸福美滿。

投身軍旅

余早年家境清寒，升學受到限制，但由於強烈的求知慾與上進心及師長們的關心鼓勵下，民國五十三年自省立潮州高中畢業後，乃毅然投筆從戎，參加軍校聯招，以第一志願考取政戰學校正期班接受大學部四年革命文武教育之洗禮，畢業分發海軍服務十年曾服務玉山軍艦、維源軍艦、中富軍艦、中鼎軍艦、鄱江軍艦、美益軍艦、永安軍艦、海軍官校學生總隊、海軍總部政一處等單位，均工作順意愉快，每次政戰督考，不是第一就是第二，功獎無數，民國六十三年奉派參加海軍官校六十三年班應屆畢業生環島航訓及國外菲律賓、新加坡、泰國、韓國敦睦艦隊遠航，壯盛軍威、宣慰僑胞，圓滿達成敦睦邦交與海上演訓任務，返國後當選國軍第十二屆政戰楷模，接受國防部隆重表揚，同時薦升到海軍總部政一處服務。

黨務專職與公職

民國六十七年九月底十年服役期滿，於退伍前報名參加臺灣省黨部專職幹部人員考試倖獲錄取，被分發到屏東縣黨部服務三年多，復於民國七十一年六月奉調任臺灣省黨部第一組服務，一年後中央黨部基於政策需要，臺灣省政府銜命籌備改制直五區黨部成立「臺灣省田單黨部委員會」，很榮幸被舉薦商調到臺灣省政府服務，先在教育廳擔任專門委員，然後到民政廳擔任秘書，在上述兩個單位服務時均同時兼任臺灣省田單黨部第三組組長（主管黨政關係與輔選動員），直到民國七十七年五月奉調派接任臺灣省選舉委員會第五組組長（翌年改為第四組組長，主管選舉監察），在任內對民國八十年年底第二屆國大代表選舉臺北縣、宜蘭縣、彰化縣、嘉義市、高雄縣、屏東縣等六縣市選舉委員會執意將候選人之台獨政見訴求主張刊登選舉公報，且拒絕更正或重印，能本於主管業務職責立場，堅定工作原則，維護政府威信、貫徹上級命令，穩健用心協助長官研判處理、除全力遵照中央選舉委員會函示規定並發函四次要求更正或重行印製，惟其等仍一意孤行未能遵照辦理，並將訴求對立升高，不眠不休、不分假日，每日坐鎮辦公室不斷利用開會或電話或透過可資利用管道，與上述六縣市選舉委員會總幹事、第五組組長等密切連繫、協調、溝通、勸導、説明、任勞任怨、忍辱負重，終於最後採取斷然處置，民國八十年十二月十五日起由臺灣省選舉委員會代印並於十二月十八日前分送各該縣市選舉區內各家戶，使本次選舉不致出現載有台獨政見之選舉公報，並使本次選舉任務因而順利完成，並榮獲中央選舉委員會核定記大功一次（原呈報記大功二次），因考量選務行政中立而辭兼臺灣省田單黨部組長及省政府民政廳第二支黨部書記一職，由於工作認真負責，及處理選舉公報刊登台獨政見得宜成績特優，民國八十一年七月當選模範公務人員接受中央隆重表揚，民國八十四年八月奉調到臺灣省文獻委員會主任秘書（幕僚長）任內除被推薦參加臺灣省政府『菁英二百地方文化資源收集及社區營造組』赴日研習一個月，民國八十六年復奉臺灣省政府令赴紐西蘭及澳洲十五天蒐集五〇年代臺灣史文獻史料及對當事人家屬進行口述訪談外；也在民國八十七年因致力推動臺灣史蹟弘揚本土文化建樹良多，被推薦接受主辦臺灣史蹟研究會八十七年會友年會之臺北市文獻委員會隆重頒獎表揚，民國八十七年十二月奉調到總統府國史館服務，期間歷任科長、專門委員及副處長等職務，民國九十八年七月復接掌國史館臺灣文獻館副館長一職，直至民國九十九年一月十六日公務生涯告一段落正式退休。

回顧自軍校畢業歷經軍職、黨職、公職等職務，屈指算來已有四十三個年頭，在前述各黨政軍三個不同領域服務，由於自己的誠懇、謙虛、努力、自愛、務實與積極進取，均各有優異的事功表現，實為此生最感得意之事，而雙親養育之恩尚待圖報，卻已去世不在，是此生最感哀痛之事，目前國際情勢與環境極為混沌與險惡，國家的命運仍將由我們國人自己決定，今後自當誓以感恩與誠正信實之心念，為我們國家、社會、人群、竭盡個人所能，繼續奉獻服務，以報答父母之教養及國家之栽培。

退休投入慈濟

宗教的目的在於淨化人心、祥和社會與人文關懷，目前國內宗教門派很多，但清新潔淨之慈濟在這方面所扮演的角色與貢獻相當大，在我記憶中。十八年前在臺灣省政府服務時，曾到花蓮督導選務利用開會結束後由花蓮縣政府人員陪同到慈濟精舍參訪，當時對證嚴上人帶領慈濟人『為佛教、為眾生』之志節，以及『做中學、學中覺』的菩薩道來鼓勵修行，並推動利益眾生的人間佛教信念，留下非常深刻的印象，當時因公務忙碌加上因緣不足未實踐加入，但到了民國九十八年三月上旬，摯友蘇榮昌師兄來我家關心我的工作情形與家庭狀況，也談及他本人加入慈濟志工的一些感想、經驗與樂趣，並誠懇邀請我參加慈濟屏東分會民國九十八年三月二十二日（星期日）見習慈誠委員上課，及民國九十九年三月二十一日（星期日）正式慈誠委員培訓上課，由於本人一向對慈濟推動人間佛教有很深刻的印象，因此我當場答應參加，在兩年中一年見習一年培訓期間，均全程出席上課及參加慈濟各項活動（如救災、訪視、助念、公祭、搬連鎖磚、浴佛、歲末祝福等），直到民國九十九年十月一日、二日、三日回花蓮精舍尋根及十二月十八日由上人親自授證慈誠委員，也開啓了我與慈濟的因緣，從歷次上課中，讓我除了聆聽到上人開示以及師兄、師姐們的心得分享外，也認識到慈濟在國內是一個相當龐大，知名度甚高的佛教團體，慈善足跡遍及海內外，尤其慈濟基金會成立後積極推動了慈善志業、醫療志業、教育志業、人文志業、國際賑災、骨髓捐贈、社區志工、環保志工等四大志業、八大法印，七家醫院及造血幹細胞中心、慈濟大學等六所學校、大愛電視台等四個人文志業及靜思文化等志業體。很榮幸進入慈濟這個大家庭，希望退休後利用人生後半段有限的生命做些『利益眾生』有意義的事情，以增長生命的寬度與廣度，進而修福自己、成長慧命、家庭吉安，目前在慈濟所承擔職務有十二項，其中較重要的有：屏東合心慈院醫療志工幹事、慈濟大學慈懿會上人聘派慈誠爸爸、屏東市東區和氣隊副隊長、屏東市東區和氣內埔互愛隊副隊長、慈濟骨髓捐贈關懷小組幹事、慈濟大學無語良師（大體解剖）啓用、模擬手術、送靈、火化，感恩追思暨入龕典禮關懷小組工作人員、花蓮慈濟醫院及嘉義大林慈濟醫院兩醫院志工領隊暨志工運作安排、屏東分會公關志工、屏東分會每月第二週、第三週星期五下午擔任諮詢志工等職務。力行走入人群，全力實踐證嚴上人淨化人心、社會祥和、天下無災難的三大心願，並以更精進的心把慈濟入世的志業做得更好。

閱讀憶往

吳信義

（102）年一次第六居服務團隊，例行會議中由錦璋同學提案，建請發動每位同學自撰一份「小傳」，送服務團隊編輯，並於入伍五十週年同學會中，結集成書，分享每一同學，以增進別後近五十年，彼此重新認識。案獲會中通過，本人自發靈感，未經華淼會長同意，逕行在57復興崗 blog 陸續刊載，八個多月來，獲得大家熱烈迴響，亦深受歡迎認同。在發起人錦璋兄鍥而不捨的透過近二百封書函、生日賀卡及致二十幾位將軍同學的誠摯溫馨邀稿，讓許多同學動容提了筆，身為資訊負責人的我，責無旁貸，除要大力支持宣導外，每遇同學就推稿，截至一〇三年八月二十日為止，總計獲得七十多位同學來稿支持。

看到同學建峰兄，去年一〇二年十二月十六日率先第一篇「回味一生總覽」拋磚引玉，截至一〇三年八月十三日止，崇光兄「把握當下」一文，總計有七十四篇大作，身為格主的我，有幸先行拜讀，發現同學不論在軍、政、黨，教育界、藝文界、商界都有卓越的成就，每篇小傳中看到了許多同學能文能武、多才多藝，展現各項領域的才華，代表復興崗教育是成功的。這都是十四期同學的榮耀，我們與有榮焉。

欣見祕書長榮川兄，寫了感人的「塵土與雲月」一文，將編審小組成立，在短時間內要完成校稿、編審、交印等工作，我個人已建議會長華淼兄要寫篇序，錦璋兄自告奮勇寫一篇跋，我毛遂自薦寫了這篇感言，特別邀請楊浩同學寫一篇序。在幹部會議中，將研商書名，討論封面。編審六人小組，分工每人交換校稿，務期錯別能歸零。期待此書九月中如期出爐，分享同學。

第十六屆服務團隊資訊長　吳信義

一〇三、八、一三

跋

——發起同學撰寫「小傳」的意義與因由

自從我們在小坪頂入伍，到今年九月十四日，正好整整五十個年頭。在人生的旅途中，僅此一次，在「復興崗」同窗四載，也是人生中最大的緣份，著實值得我們共同懷念、回憶、與讚頌，因為有了它，才奠定了今天的您和我。

同學們在校期間，雖然歷經各種暑訓的交叉編隊，軍中戰鬥演訓的洗禮或彼此戰鬥勤務的支援，同甘共苦，情同手足，革命情感，莫此為甚，可是在短暫的相聚後，又要各奔前程，互告「bye!bye!」，因此：在這麼一個同心圓裡，試問我們彼此相知，相識又有多少？

認識老同學，莫非就是從點點滴滴開始，職是之故，錦璋特地在去（102）年一次第六屆服務團隊，例行會議中提案：建請發動每位同學自撰一份「小傳」，送服務團隊編輯，案獲通過，內容無論在校就學花絮、服務公職憶往、轉換跑道成就、退休後旅遊記趣……等，均為「小傳」題材，以同學們在公職生涯的旅途上，所建立的事功，必有許多值得大家共同「見賢思齊」的作為與典範，值得我們的分享與尊崇。

錦璋要對秘書長榮川兄的召集編輯小組綜整、資訊長信義兄的催稿及po網於57復興崗blog，讓同學們能先睹為快，遠雄、恆宇、榮川、信義等同學的志願校稿，藝術系張清民對本書精心的封面設計及新聞系李山栗同學的總彙編輯，在短短一週內，如期完成全部文章，及時送請文史哲出版。對服務團隊編製的同學們的辛苦，方得以在五十週年慶之前正式出版，此等付出，表示由衷感謝、感動與感激！

對於尚未列入編輯的「小傳」的同學，由於截稿時間所限，只能說「很抱歉」，容請下屆服務團隊再編續輯吧！

第二屆同學會會長 **黃錦璋**

於黎明居一〇三、九、一四